隐士

王开林 著

目录

自　序　一条道走到黑 / 1

康有为　保皇之路越走越黑 / 7
杨　度　误入歧途的大才子 / 41
刘师培　越堕落越不快乐 / 79
周作人　隐士与叛徒 / 107
冯友兰　为天地立心 / 139

一条道走到黑（自序）

一个人一生中可能会面临两种精神困境：眼前无路可走是一种，眼前歧路纷出则是另一种。这两种精神困境都令人抓瞎和抓狂。对于找不到北的路痴而言，歧路纷出的情形还要更为糟糕一些。

在中国近现代，知识精英几乎都曾遭遇过这两种精神困境，有的最终找到了出路，或自以为找准了出路，有的则在那条迷途上走得两眼晕黑，直至失足坠入深不可测的渊谷，万劫不复，但也有人历尽劫波，找到归途，实现了自我救赎。

康有为著《新学伪经考》、《孔子改制考》，组织强学会，都是为维新变法作必要的理论准备和干部储备。他以"素王"（有王者之风，而无王者之位）自视，国人也以当世之大儒待之。他若看清形势，抓住时机，集结一切可以集结的社会力量，顺乎天而应乎人，戊戌变法又何至于百日夭亡？他玩小臣架空术，挟天子以令诸侯，癫狂操切，疏远中间派，激怒满朝文武，甚至异想天开，罔顾实力对比，企图发动宫廷政变，不偾（fèn，毁坏）事，不败事，才真叫奇怪了。康有为逃至海外，利用华侨的同情心，大肆敛财，他允诺资助唐才常的自立军起义，却食言自肥，致使二十多位同志白白牺牲。1917年，康有为不顾人心向背，支持张勋复辟，连他的大弟子梁启超都看不过眼，骂他为"大言不惭之书生"。在清朝末期，康有为确实抓到过一手空前绝后的好牌，却打得极烂，输个精光，很难令人释然。

　　杨度满腔热血，仗义慕侠，作《湖南少年歌》，高呼"若道中华国果亡，除非湖南人尽死"，但他误入歧途，拜王闿运为师，修炼绝艺帝王学，奉之为金科玉律。时代变了，人心变了，国民对共和充满向往，袁世凯逆潮流而动，称帝就等于玩火自焚。杨度试图改造帝王学，使之成为君主立宪的幌子，他找到美国博士、中国通古德诺来操刀主疱，也无济于事。杨度坚信强梁中的强梁、猛人中的猛人袁世凯，能够将老牛破车旧中国拽出烂泥潭，其后，他轻举妄动，组织筹安会，终于万劫不复，一失足成千古恨。急功近利乃腐心蚀骨的毒药，他不幸中招了。杨度昧于大势而踏上歧途，结局黯淡不能算冤屈，梁启超、孙中山都曾高看他，视之为一流的宪政人才，轮到抉择时，他却弃共和，挑君主，与狼共舞，迷信强人专制，其宪政理想也就化为了梦幻泡影。

刘师培是另一种典型，他有出众的天资和学问，少年成名，得到过章太炎的赏识。在日本，他改名为"光汉"，以"光复汉室"的抱负骄人，信奉过社会主义和无政府主义，终因脚底无根，心中多欲，叛离同盟会，倒向清朝大臣端方的怀抱。端方在四川被杀后，刘师培受了惊吓，进了牢狱，并未吸取教训，后来又参加筹安会，为袁世凯称帝做吹鼓手，弄个参政的头衔，享受官福，讲究排场。刘师培自甘堕落，有人为他脱责，将几笔烂账悉数归在他老婆何震名下，这很不公平。蔡元培曾致书吴稚晖，分析刘师培中途颠踬（diān zhì，被东西绊倒）的原因，称他"确是老实，确是书呆"，"未免好用其所短"，甚至不惜用最好的善意猜测刘师培，他投靠端方是想效仿徐锡麟，先做卧底，再伺机起事。这纯然是以君子之心度小人之腹。某些知识精英满腹经纶，书读得太多，结果脑袋不再是自己的了，刘师培就是这种典型。他走上歧路，是方向感太差，也是主见不明，被欲望穿住牛鼻子，精神已不得自由。

周作人要做北平的隐士,要做儒家的叛徒,这样的想法原本不赖。抗战期间,隐士不肯挪窝尚可理解,叛徒要投靠日寇就令国人难以接受。他辩护自己出任伪职是受命做卧底,他的贡献是保全了北大文学院和北平图书馆,救助了不少进步人士,但在很长时间内仅有寥寥数人愿意为他出具证词。周作人被日本文化所化甚至超过了被中国文化所化的程度,这朵"向日葵"不幸生活在那个中日交战的年代,尽管他没有作恶害人的主观故意,却与狼共舞,他走的歧路通向地狱。"文革"期间,周作人饱受肉体和精神的双重摧残,他的遭遇和结果远比康有为、刘师培更为悲惨,他被定性为"文化汉奸",乃是最难洗脱的耻辱烙印。

冯友兰是一位儒者,他有可能成为大儒,也有可能成为犬儒,多一点污迹就是不一样。他具备做大儒的资质,也有追求天地境界的宏愿,但他的弱点是:在逆境中,在高压下,只能"顺着说",从被动迎合到曲学阿世。在非理性的年代,知识精英惨遭折磨和侮辱,落水凤凰不如鸡,这种悲剧见者有分。如果说"文革"的那条歧路是知识精英不得不走的绝路,冯友兰的遭遇是值得同情,应该原宥(yuán yòu,原谅宽恕)的,毕竟他是在一台巨型绞肉机中寻找保命的缝隙。他被迫做犬儒,宿命难逃,他不曾抗争,这固然令人遗憾,他没有自杀,则不应受到苛责。冯友兰可贵之处是在耄耋高龄重写七卷本《中国哲学史》，把往日被迫颠覆的观点扳正过来，把未曾表述过的思想作明确痛快的表达。

真诚地忏悔和改过，这并不是中国知识精英的习惯动作。他们歧路亡羊，丢失的可能是良知，是人格，是思想，也可能是机会，是成果，是荣誉，不管是什么，真正的智者都应该像冯友兰那样，只要一息尚存，就实行自我救赎，尽可能将"亡羊"找补回来。

康有为
保皇之路越走越黑

康有为以势利为先,以谎言为饰,不仅多求多欲,而且口是心非,历史却故意出幺蛾子,将他钦定为第一人选,去主持19世纪末的变法维新,真是可悲可叹!

翁同龢一生写日记数百万字，朝野名士罕有从其笔端挂漏的。他出生于豪门望族，状元及第，又是两朝帝师，地位非凡，且为人谦冲开明，进入其视野和客厅并得到他激赏提携的多为同时代的优秀人物。然而直到光绪二十一年（1895），康有为仍然迟迟未能进入翁同龢的视野。康有为却在《自编年谱》中言之凿凿地说，光绪十四年（1888）他就进京拜会了翁师傅，并向后者当面讲述了俄国彼得大帝、日本明治天皇变法改制的故事，翁师傅如闻天音，茅塞顿开，大为悦服。往好里说，这是他误记所致，往坏里说，就是他存心造假。

康有为略显木讷，口才远非一流，梁启超极口夸赞康有为的演讲"如大海潮，如狮子吼，善能振荡学者之脑气，使之悚息感动，终身不能忘"，未免言过其实，但他确实凭借演讲倾倒过华侨美女和才女何旃（zhān）理，使她成为了自己的三太太。康有为会吹牛，"夫天不欲平治天下，如欲平治天下，当今之世，舍我其谁"，此类大话讲足几箩筐，倒是稀松平常的。翁同龢是在朝的清流派掌门、主战派领袖，长期出入宫禁，坏消息听得太多，眼见国势江河日下，难免忧心如焚。按理说，康有为口口声声强调变法图强，他的主张应该很容易打动翁师傅，事实则不尽然。

在日记中，翁同龢对康有为的评价常用"狂甚"二字，这个"狂"字用的到底是褒义，还是贬义？值得读者思忖。在翁师傅看来，康有为汲汲于功名，只是想攀爬到更高的平台上去猎获荣华富贵。历史学家高阳作《翁同龢传》，仔细比对过《翁同龢日记》和康有为的《自编年谱》，充分考虑了翁同龢为避祸删削日记的可能性，他得出这样的结论：康有为志大言夸，惯于攘夺和作伪，公然欺世，毫不惭汗，康有为屡屡言及翁同龢如何如何赏识他，只不过是虚构故事，谬托知己。高阳说："……且以康有为之言行而论，与翁同龢忠厚和平、谨守世俗礼法、不喜与人忤（wǔ，不顺从，不和睦）的本性，如水与火之不能相容，故可断言：翁同龢绝不会欣赏康有为。"翁同龢最青睐最信任的人是汪鸣銮和张謇，状元张謇尤其出色，被他赞为"霸才"和"奇材"。汪、张二人都与康有为很少交集，这也可以反证康有为是剃头挑子一头热。

翁同龢不欣赏康有为，并不意味着光绪皇帝就对康有为的欺世大言具有超强的免疫力。自古以来，衣褐（hè，粗布或粗布衣服）怀宝之士上书给深居九重的君王，实堪称顶尖级的行为艺术，图虚名则绰绰有余，求实效则迢迢不及，康有为原本玩的就是心跳，四年之间七次上书，弄个名满天下或谤满国中都不足为奇。其万言书内颇多狂悖之语，例如"求为长安布衣而不可得"，"不忍见煤山前事"，秦二世临死前乞求做黔首（老百姓）而不可得，明崇祯皇帝于城破之际跑到北京煤山（今景山）上吊，康有为用这两个亡国之君的典故说事，以增强其万言书的惊悚效果，光绪皇帝对他大逆不道的胡话倒是颇为优容。草野书生康有为不顾死活，畅所欲言，其主旨（"养一国之才，更一国之政，采一国之意，办一国之事"）确属立国的大本大原。

翰林侍读学士徐致靖向光绪皇帝保举通达时务人才，特荐五人：康有为、黄遵宪、谭嗣同、张元济、梁启超。正是这位帝师郑重其事的奏折对康有为推崇备至："忠肝热血，硕学通才，明历代因革之得失，知万国强弱之本源。当二十年前，即倡论变法，其所著述有《俄彼得变政记》、《日本变政记》等书，善能借鉴外邦，取资我用。其所论变法，皆有下手处，某事宜急，某事宜缓，先后次第，条理粲然。按日程功，确有把握。其才略足以肩艰巨，其忠诚可以托重任，并世人才，实罕其匹。"世人多附会,加上以讹传讹,想当然认为帝师翁同龢讲过的美言,其实出自另一位帝师徐致靖的笔墨。光绪皇帝身居九重,两眼一抹黑,他读了徐致靖的奏折,一定欢欣鼓舞,变法维新,事在人为,既然狂生康有为与众不同,举世无双,或许真就是那把能够掘开冰川的利镐。

我欲望鲁兮,龟山蔽之。
手无斧柯,奈龟山何!

据东汉名士蔡邕的《琴操》所记载,这首《龟山操》是孔子所作,意思是:"我想要眺望鲁国,龟山遮蔽了它。手中没有斧柄,拿龟山怎么办?"孔子退而忧念故国,以龟山蔽鲁比喻奸臣季桓子一手遮天。诗中的"斧柯"可释为"权柄"。男人不可一日无权,无权则处处遇阻,事事受欺。孔子感慨鲁国政治黑暗,百姓贫苦,要诛灭季氏,却心有余而力不足。康有为做梦都想进入清王朝的权力中枢,实现救国抱负,他对"手无斧柯"的感受同样深刻。

从草堂授徒到公车上书

康有为并非一帆风顺,他走过一段霉运。科举之路窄得可怕,也黑得可怕,他扑腾多年,其路径是:考秀才,三战皆北,总算取得了监生的资格;考举人,六试不捷,心都考(烤)成了灰。清代科场流传一句谚语,"一命二运三风水,四积阴功五读书",可见运气之重要,学问之次要。康有为屡试不中,内心受到莫大的刺激,早已对现实郁积了一腔孤愤,这种人无疑最想改变现状。奇就奇在,名落孙山也会坏事变好事,他从八股制艺中匀出心思,钻研传统学问,面壁之功殊非浅显。当时,理学大儒朱次琦,人称九江先生,笃守程朱,力求实践,是羊城首屈一指的大学者,康有为出入其门垣,求益问字,但算不上正宗的弟子。后来,他上书权贵,动辄自称"侍九江之经席",巧妙地打出"擦边球"。简朝亮是朱次琦的入室弟子,瞧着康氏矜夸十分别扭,就公开讥诮后者"游僧托钵"。

不管怎么讲,康有为的瞟学功夫确属一流,从理学到佛学,从经学到西学,不过数年间,就已融会贯通。康氏屡次上书,言词激烈,虽然未获朝廷认可,但已名动九州。一俟他回到羊城,梁启超就气喘吁吁地跑来拜师。这可真是一桩新鲜事。康有为是长期落魄的监生,而梁启超是少年得志的举人,举人拜监生为师,在清代罕有先例。进士陈沆向举人魏源求教,一度传为佳话,但求教与拜师有本质上的区别。李慈铭收樊增祥为徒,乡试奏捷、会试奏凯均迟于弟子,但樊增祥也并非中举之后才登门拜李慈铭为师。梁启超的《三十自述》所言不虚,十八岁的梁举人听罢三十三岁的康监生一席真言,不禁"冷水浇背,当头一棒,一旦尽失故垒,惘惘然不知所从事",以至于"竟夕不能寐"。能让志骄意满的梁举人心悦诚服地唯康监生的马首是瞻,这绝非易事。

康有为的身价高了,名气大了,要与他结交的人顿时多起来,其中有一位可了不得,不得了,这人是谁?是"国父"孙文。那时孙先生以西医资格,在广州双门底大街之圣教书楼悬壶,主张缓进改良,革命思想尚未萌芽,更别说开枝散叶,开花结果,他曾托好友向康氏输诚致意,以求晤言一室之间,切磋琢磨,商量探讨。但康有为用势利眼看人,孙文只不过是广东境内一位不显山不露水的小医生,康有为好为人师,臭架子摆得高不可攀,他的答复相当傲慢:"孙某如欲订交,宜先具'门生帖'拜师乃可。"这话过于托大,弄得孙文愤愤不平,他原也是个舍我其谁的天王山人物,如何肯卑身执贽（zhì,初次拜见尊长所送的礼物）去做康门弟子？这两位近、现代政治舞台上的大明星就此缘悭（qiān,欠缺）一面，至死未交一语。

在诸多弟子的簇拥下，康有为选址广州长兴里，弄了个后来盛传海内外的"万木草堂"，挂出油漆一新的招牌，正式开馆授徒，做起了"为天地立心，为生民立命，为往圣继绝学，为万世开太平"的美梦。弟子们恭维康有为是孔子那样的素王（无冕之王），他也毫不客气，毫不谦虚，大大咧咧地接受吹捧，而且意犹未尽，自号"长素"，压孔子一肩，简直不可一世。其实，他本心里最想做的又岂是"素王"，而是"圣之时者"，最隐秘的心思甚至是"不当皇上，就当和尚"。他的野心从很小的事情上都能暴露无遗，比如他给五位得意门生一一取了逾越孔门"十哲"的名号，个个非同凡响：

陈千秋号"超回"——超越颜回也。

梁启超号"轶赐"——"轶"义为超车，子贡只能让道也。

麦孟华号"驾孟"——凌驾于孟子之上也。

曹泰号"越伋"——子思只能瞠乎其后也。

韩文举号"乘参"——把曾子当马骑也。

康有为目空一切,是个典型的自大狂。梁启超对康有为的个性有这样的解说:"先生最富于自信力之人也。其所执主义,无论何人不能动摇之,于学术亦然,于治事亦然。不肯迁就主义以徇事物,而镕取事物以佐其主义。常有六经皆我注脚,群山皆其仆从之概。"康有为若只想做个学问家,狂也好,狷也罢,都可由得他高兴如何就如何。但他想在政治擂台上挥拳踢腿,这种百牛莫挽的自信力加上万物皆备于我的教条主义就过犹不及,特别有害了,偏执狂心胸狭小,还能拿出多少空间去容人容物?康有为一生事业终成水月镜花,依照"性格即命运"的论断,不难找到悲剧的根源。

光绪二十一年(1895年)春,康有为偕同弟子梁启超赴京会试(此前一年他终于考中了举人)。放榜前,他联合十八省赴京应试的举人在松筠庵集议,由梁启超起草了一份长达万言的请愿书,他充分利用士气,牵头闹腾了一出"公车上书"的大戏,"请拒和约,迁都,变法"。此文遍传都下,倾动朝野。令人意外的是,慈禧太后一向心狠手辣,这回却以柔克刚,使用绥靖政策,一千三百多个手无缚鸡之力的文弱举人,在她看来,可算是一股潜在的民间力量,不开罪为佳。

男人有招，妇人也有计，礼部抢先放出黄榜，以此转移京城各路士子的注意力，让他们哭的哭，笑的笑，疯的疯，癫的癫，情绪一旦紊乱，国事也就无心再去清谈。这次，康有为春风得意，梁启超名落孙山，但康有为仍然感到有些失望，他的状元梦和翰林梦双双轮空。"如今脱得青衫去，一洗当年满面羞"，康有为还哪有心思再搞什么"学潮"？进宫去谢主隆恩。慈禧太后没抡一下大棒，只用几根"胡萝卜"就瓦解了千头攒攒的学潮，要说，后代的统治者应该跟她学着点，少用刀枪而多用计谋。

理论准备和政治力量

在专制王朝特设的竞技场，从上往下搞政治非常简单，只需加大愚民的广度和洗脑的深度，即可尽收全效，顶碍事的则用武力去荡平；从下往上搞政治则千难万苦，光是理论建设这个环节就够人煞费思量了。应该承认，康有为以"素王"自居，多少还是有点底气的，至少在今文经学这顷实验田里，他是当今"杂交水稻之父"袁隆平先生这种水平的改良专家。今文经学，一言以蔽之，就是搞"罢黜百家"和"一言堂"，搞"学术为政治服务"。西汉时期，以董仲舒为首的今文经学派得到汉武帝的支持,势力很大,旗帜甚张,但好景不长;东汉时期,政治挂帅的今文经学派被以马融和郑玄为代表的古文经学派踢翻了场子。迄于清朝初期,政治环境较以往更加恶化,读书人若妄议国是,风险骤增,只得一个猛子扎进故纸堆,皓首穷经,因此以乾嘉学派为代表的训诂考据之学盛极一时。在康有为看来,古文经学派的学问都是"数千年无用之学",学问脱离现实需要,不能直接干预政治,还有什么鸟用?天下士子眼看大清帝国日薄西山,气息奄奄了,难道不应该从孔孟之学的清澈源头吸取些可补时艰、能纾(shū,解除)国难的启示吗?于是,他暗暗地从四川学者廖平的两部书稿《辟刘篇》、《知圣篇》中吸取思想精华(此事后来酿成学案,不少人认为康有为使出空空妙手,大行剽窃之实),出版了与时代精神密切呼应的著作《新学伪经考》和《孔子改制考》。康有为认定孔子绝对不是专治"无用之学"的冬烘先生,而是宅心仁厚的政治家,救民于水火,解民于倒悬,才是目标,可惜他老先生长期鹤鸣于野,不能一展雄才伟抱。康有为这样说,当然很容易打动那些忧患意识强烈的朝野人士,赢得经久不息的掌声。但他把话说得太满太绝对,将实力雄厚的古文经学派直往垃圾堆里扫,这就触犯了众怒和众忌,连一向开明的翁同龢都"惊诧不已",称康有为"真说经家—野狼也"。学问做过了头，野狐禅参成了"野狼禅"，保守派还能够待见他？湖湘名士叶德辉是儒学的原教旨主义者，他早就看穿了这套把戏，索性揭开康有为的底牌："康有为隐以改复原教之路德自命，欲删定六经，而先作《伪经考》，欲搅乱朝政，而又作《改制考》。其貌则孔也，其心则夷也。"孔教中人认定康有为是叛徒，是假洋鬼子，不值得信任。康有为用教主纪年替代大清年号，使朝野为之侧目，啧有烦言。张之洞原本很看好康有为，这下也不得不赶紧划清界限，下令查封强学会。

在康有为的著作中，最招致物议的还不是《新学伪经考》和《孔子改制考》，而是他的《大同书》。康有为标榜"大同"，无缺陷无遗憾的理想社会须消灭原有的国家、阶级、私有财产、婚姻和家庭，将现有的社会制度和伦理道德基础连根拔起。在他看来，人类的自私全发端于小家庭，只有实行公养、公教、公恤，才能杜绝孝道的种种弊端。婚姻则使女性遭受奴役、牢牢束缚而不易解脱，理应彻底取缔，代之以短期合同，夫妻合则聚，不合则离。康有为与西方传教士多有往来，从他们那儿了解到柏拉图《理想国》、康帕内拉《太阳城》和莫尔《乌托邦》的一鳞半爪，《大同书》即由这些舶来的思想散片拼凑杂糅而成。客观地说，这些思想的七彩泡沫确实给当时沉闷单调的知识界增添了茶余饭后的谈资，但对改造中国命运这项艰巨工程毫无指导意义。其中某些谬见成为笑柄，比如他认为黑人是最劣等民族，务必漂白之，可用黑人与白人杂婚的方式，少则七百年，多则一千年，使地球上再无深色人种，这种见解实在是卑之无甚高明，很容易被人唾弃。

康有为立异标新，固然能够耸动当时知识界的视听，但这种空疏不着边际的理论既非思想金丹，又非政治利器，对读书人并没有醒脑提神的积极影响。王国维在《论近年之学术界》一文中，对康有为的评判切中肯綮："(康)氏以元统天之说大有泛神之臭味，其崇拜孔子也，颇摹仿基督教；其以预言家自居，又居然抱穆罕默得之野心者也。其震人耳目之处在脱数千年思想之束缚而易之以西洋已失势力之迷信，此其学问上之事业不得不与其政治上之企图同归于失败者也。"这段话可谓一针见血。

盛名之下，其实难副。康有为目空一切，夸夸其谈，注定只能做做三脚猫的学问，绝对做不了成色十足的政治家。做学者，性格尽可以狂狷怪僻，心胸褊狭也无大碍；做政治家则不然，必须示人以天地广大，示人以江海包容，意气用事、感情用事徒然自损。康有为是个典型的偏执狂，要他容人容物，就等于纳须弥于芥子，须弥山太大，而芥子太小。康有为心胸狭隘，最终使自身，也使维新派迅速陷入了孤立无援之境，变成徒有其表的"空头帝党"——可怜的鸡蛋、鸭蛋、鹅蛋、鸵鸟蛋，他们齐齐挑战主管绞肉机的慈禧太后，除了粉身碎骨，还能如何？

政治家新开张，要想立于不败之地，手中必须抓稳三张大牌——理论、武力和联合战线，方可言智，言勇，言胜。康有为手中有理论，却没有枪杆子，缺少了一张关键牌，怎么办？那就一定要抓好联合战线，发展生力军。当时，除了死硬的顽固派，以那位说过"宁赠友邦，不畀家奴"的混球大臣刚毅为代表，康有为理应竭诚团结的力量至少有以下三支：

一支是政界的开明派，也是实力派，例如李鸿章、张之洞、刘坤一等大臣和督、抚高官，团结了他们，变法维新的阻力将随之锐减，上下同心，其利断金。可是康有为刚愎自用，自以为抱紧了光绪皇帝的大腿，就高屋建瓴，势如破竹了，不必将李、张、刘等大臣放在眼里。他在北京办强学会，一时间，投奔者络绎于途，唯恐不得其门而入。李鸿章主动赞助两千两白银，作为入会之资，还同意出借安徽会馆的数间房屋给强学会办公，这是求之不得的好事啊！李鸿章在政坛打拼数十年，门生故吏满天下，虽暂时失势（甲午海战后被短期停职反省），但影响力并未衰减，依然无人能出其右，他肯主动带头，又何愁强学会人气不旺？往后办事必将处处爽利。可是康有为颟顸之极，也蛮横之极，竟然不同意李鸿章入会，使后者碰上一鼻子灰，大为扫兴。康有为搞宗派小圈子，搞唯我独尊，好景如何能长？当时，对强学会感兴趣的还有力倡"中学为体，西学为用"的两江总督张之洞，他答应给强学会注资，从北京迁址到上海，开办费用由他独力承担。这样一来，亡羊补牢，犹未为晚。然而，只因张之洞以前辈学人的身份善意规劝康有为少谈"孔子改制说"，低调多办实事，一言逆耳，康有为就拂袖而去，将事情搅黄，这下进路、退路全断了。

一位以改良中国社会为天职的政治家，竟缺乏起码的度量，康有为还能在最需要人脉、人缘、人气的官场玩得日曜月明，水流山转吗？此问的答案已不待蓍龟而可知。

还有一支力量——"太子党"，是康有为理应团结的。"太子党"的存在有形有迹，他们得天独厚，对政治濡染最深，教育最好，而且了解旧政权的内幕最真切，接受新思想比海绵吸水还要完全。如果他们不耽溺于吃喝嫖赌、贪赃舞弊，而能够为国事民生沥胆披肝，那么这些人最有办法从内部消解旧政权的压力,减轻武力斗争的阵痛,达到事半功倍的效果。那些大家公子——谭继洵之子谭嗣同、张之洞之子张权、曾国藩之孙曾广钧、左宗棠之子左孝同、翁同龢之侄孙翁斌孙、陈宝箴之子陈三立、沈葆桢之子沈瑜庆、林则徐的族裔林旭——多达数十人,若能拧成一股绳,其合力将不可低估。他们是方兴未艾的政治新血,观念超前,跃跃欲试,最渴望有所作为。但康圣人却并不看好他们。

谭嗣同由江苏道候补知府超擢为四品军机章京,参知政事,可谓奇数。与他同授此职的还有杨锐、刘光第和林旭。林旭在四人中最年轻,时年二十六岁,雄姿英发,朝气蓬勃。康有为虽是维新派的精神领袖,却只任工部主事,兼总理衙门章京上行走,比四位军机章京的品秩、地位只低不高。由此也不难看出光绪皇帝对康有为并无急用、重用的意思。

在《自编年谱》中,康有为屡屡涉及算命测字,扶乩选穴,自炫天生慧眼和法眼,这回又怎肯放过送上门来的扮演张半仙和李铁嘴的机会?

  时吾观复生(谭嗣同)和暾谷(林旭)之相,谓卓如(梁启超)曰:"二子形法皆轻,不类开国功臣也。今兹维新,关中国四千年大局,背荷非常,而二子起布衣而骤相,恐祸将至矣。昔何晏、邓飏执政，而管公明谓其鬼幽鬼躁，必及于难。吾今惧矣。"

瞧，维新派领袖康有为竟搬出麻衣相法来给自己的同志算命，认为谭嗣同、林旭二人"形法太轻"（骨相太轻，不贵重），不像是开国功臣，他们从平民突然升到军机处行走（相当于副宰相），恐怕要大祸临头了。三国时期，魏国的何晏、邓飏执政，管宁当众说他俩内心阴暗、性格浮躁，一定会死于非命。康有为拿谭嗣同、林旭来比作何晏、邓飏，实在是太不尊重同志了。他说"我现在害怕了"，更见其委琐。康有为假高明而真鄙陋，中国19世纪末的改良派竟以此人的旗帜为帅纛（dào，军中大旗），以此人的笔杆为指挥棒，先就错得离谱了。在康有为的心目中，举国上下只有一人具备补天之才、擎天之力。他自信过头，尚可理解，但他弄鬼装神，唬人吓己，又如何能干出经天纬地的大业？

至于第三支力量——民间知识分子，康有为更没把他们放在眼里。广东老乡孙文要与他缔结平辈之交，一而再，再而三，结果被他拒之于千里之外，换了别人，肯定同样难以获得康圣人的青睐。殊不知，这支队伍变量最大，后来排满反清，主张国民革命的，多半由这批民间知识分子组成，他们在江湖上时隐时现，其中不乏豪杰。

身为维新派的精神领袖，康有为既偏执又褊狭，盟友寡少，而树敌良多，不免穷于防范和招架。当保国会被后党刚毅和荣禄咬定为"只保中国，不保大清"，墙倒众人推时，那些开明疆吏，本来能够说上好话，帮上大忙的，全都默不吱声。

应该讲，历史给了康有为最好的机遇，可是这位自命为"圣之时者"的改良派领袖并未能真找到北，把握契机，而是任由机会像泥鳅一样从手中溜脱。百日维新失利，"戊戌六君子"喋血，固然是冥顽不化的慈禧后党丧心病狂的打压所致，但又何尝不是康有为的策略失误和性格浮躁的自然延伸。在中国，百余年来，领袖的性格即政党的性格，领袖的命运即政党的命运，从来都是如合符节，分毫不爽。

客观地讲，康有为于西学所知有限，对西方的政治思想更属管窥蠡测，强不知以为知，草率上马，主持中国19世纪末的维新变法运动，可谓先天不足。这位"圣之时者"应运而生，本可以团结多方面的政治力量，引导积贫积弱的中国一步步从沼泽中跋涉出来，然而，他师心自用，挟天子以令诸侯，玩什么"小臣架空术"、"借刀杀人术"，坐失千载一逢的良机，终于闹得众人丧气寒心，古老华族依旧积弱不振，长期在腥风血雨中苦苦挣扎。

历史既是吊诡的，也是滑稽的。1900年，庚子之乱，慈禧太后仓皇逃离北京，在西安惊魂甫定，即要出瞒天过海之惯伎，以光绪皇帝的名义下诏变法，诏书由御用文人樊增祥操觚，词颇工畅，理实难通。其中有两句话最为关键："康有为之变法，非变法也，乃乱法也。夫康有为一小臣耳，何能尸变法之名？"一个不成气候的领袖也还是领袖，历史一旦赋予他这样的地位，就不可剥夺，诏书中的百般诋毁和极力抹杀徒然贻笑天下。

性格缺陷是致命伤

康有为从小读书甚勤，行坐不离书卷，言必称圣人如何如何，村人都叫他"圣人为"或"戆为"。但他并不戆，只是狂，只是孤高。他曾手书一联："大翼垂天四万里，长松拔地三千年。"一介狂生，大言不惭，他身上很少显露出民胞物与（民为同胞，物为同类）的政治家素质。十九岁结婚，花烛之夕，亲友们想闹洞房，康有为却笃守周礼，闭门不纳，使得众人大为扫兴。祖父去世后，他借题发挥，"于棺前结苫庐，白衣不去身，终年不食肉。……人咸迂笑之"。这些不近人情的细节，都是康有为在《自编家谱》中不打自招的。青年时期，康有为屡次落第，遂入南海西樵山白云洞，独居苦学四年，为了排解内心的苦闷，平日参禅打坐，念佛诵经，不免有点走火入魔，直弄得"歌哭无常"，落下轻度的精神疾患。当时，他胡乱读了些传教士译介过来的工艺、兵法、医学和基督教义之类的书籍，就自以为学究天人，乃是内圣外王的奇才，一世无二的大儒。疯子仍不妨为学问家，章太炎即为显例，但疯子有碍于做政治领袖，试想，众目睽睽之下，维新派的党魁康有为言谈举止古怪莫名，其信任度和支持率还能不逐日递减？康有为做过一件事，令人齿冷三天，依照明、清两代的惯例，考生进学——中举或点进士，都要拜主考官为房师，以报答他们的提携之举和再造之恩。康有为却偏要在这个没题材可捞的地方捞题材，没文章可作的地方作文章，竟然拒绝拜自己的主考官为师，弄得狂名满天下，令人侧目而视。你说，一介狂生，轻失师友欢心而不知悛改（quān gǎi，悔改），还如何玩得转最需要凝聚力和感召力为之润滑的政治齿轮？康有为是学问升级版的洪秀全，若论行动力和煽动力，康教主比洪教主差得太远，若论精神不健全，心理不健康，两人则在伯仲之间，适相匹敌。

知兄莫若弟。康广仁致友人书，谈及康有为的败因，相当靠谱:"伯兄规模太广,志气太锐,包揽太多,同志太孤,举行太大。当此排者、忌者、谤者盈衢塞巷,而上又无权,安能有成?"从政者人睨(nì,斜眼看)高谈,任性使气,目高于顶,适足以自隳(huī,毁)前功,验之古今,罕有例外。戊戌年六月十六日(1898年7月24日),光绪皇帝召见康有为。在朝房中,康氏与军机大臣荣禄不期而遇,话题自然离不开变法维新。荣禄说:"法是应该变的,但是两百多年的祖宗之法,怎能在短期内全部革新?"康氏闻言,不作任何解释,出口即为恶声:"只要杀几个一品大员,法就可以全变过来了!"他吓谁呢?徒然示人以狂悖,反被荣禄一眼看轻了骨头。荣禄退朝后对人说:"康南海变法,徒梦幻耳,设能自保首领,尚属大幸。"康有为用"麻衣相法"给谭嗣同、林旭算命,批评他们"鬼幽鬼躁",而真正鬼幽鬼躁的倒是他自己。

遗诏和骗局

戊戌变法这幕悲剧存在许多疑问,其中最关键的一个疑问是:光绪皇帝真打算杀掉慈禧太后吗?这位极有抱负的年轻皇帝渴望乾纲独断,不受后党掣肘,他要发动宫廷政变,冒险一搏,这样的小宇宙爆发完全符合事理逻辑。然而客观情形并非如此。

宣统元年（1909）秋，杨锐之子杨庆昶诣都察院上书，敬缴光绪皇帝的朱谕。庆亲王奕劻主张冷处理，秘而不宣，将它送交史馆收藏。但原文早已被赵熙、王式通录出。这道朱谕写于戊戌年七月二十八日，内容是向军机章京杨锐等人求取万全良策：

> 近来朕仰窥皇太后圣意，不愿将法尽变，并不欲将此辈老谬昏庸之大臣罢黜，而登用英勇通达之人令其议政，以为恐失人心。虽经朕屡次降旨整饬，而且有随时几谏之事，但圣意坚定，终恐无济于事。即如十九日之朱谕，皇太后已以为太重，故不得不徐图之，此近来实在为难之情形也。朕亦岂不知中国积弱不振，至于阽危，皆由此辈所误，但必欲朕一早痛加降旨，将旧法尽变，而尽黜此辈昏庸之人，则朕之权力实有未足。果使如此，则朕位且不能保，何况其他？今朕问汝，可有何良策，俾旧法可以全变，将老谬昏庸之大臣尽行罢黜，而登进英勇通达之人令其议政，使中国转危为安，化弱为强，而又不致有拂圣意？尔等与林旭、谭嗣同、刘光第及诸同志等妥速筹商，密缮封奏，由军机大臣代递，候朕熟

思审处，再行办理。朕实不胜十分焦急翘盼之至，特谕。

光绪皇帝既要全变旧法，尽黜老臣，又要避免拂逆圣意（慈禧太后的意愿）。这样的良策别说康有为、杨锐等人绞尽脑汁想不出，纵然东方智圣诸葛亮、刘基复活，也将一筹莫展。政治斗争终须靠实力定局，光绪皇帝在宫中孤立无援，在国中影响有限，他主持变法，急于求功，势必激惹后党强力反弹，胜负的天平因此倾斜。

八月初二，光绪皇帝赐诏康有为，命令他督办官报，尽快出京，嘱咐他"爱惜身体"，寄望他"将来更效驰驱，共建大业"。八月初六凌晨，光绪皇帝即被慈禧太后幽禁在瀛台，"百日维新"宣告彻底失败，康有为逃亡日本，侥幸做了漏网之鱼。

令人发指的是，康有为还伪造了谭嗣同的狱中血书。这一秘辛本不为外人所知，却被知情人王照在《水东集》中检举揭发。伪造的血书如下：

受衣带诏者六人，我四人必受戮；彼首鼠两端者不足与语；千钧一发，唯先生一人而已。天若未绝中国，先生必不死。呜呼！其无使死者徒死而生者徒生也！嗣同为其易,先生为其难。魂当为厉,以助杀贼!裂襟啮血,言尽于斯。

这封信的意思是:"接受衣带诏的共六人,我们四人必定会被杀头。那些摇摆不定的人就不值一提了。至关重要的只有康先生一人。上天若不想灭亡中国,康先生就必定能够幸存。唉,不要让死的人白死而活的人白活!嗣同做其中容易的事,康先生做其中艰难的事。我的亡魂一定变成猛鬼,助康先生杀死奸贼!撕破衣襟,咬出鲜血,该说的话全写在这里了。"

为了抬高自己,康有为无所不用其极。他果真有那么重要,关乎国运的兴衰吗?答案是否定的。不幸的是,谭嗣同、林旭等人的颈血确实白流了,康有为逃亡海外,接受华侨供奉,他马不停蹄,周游欧美各国,对国内局势很少操心,只在溥仪、张勋之流上演历史丑剧的时候,他才粉墨登场,热热身,当当票友,凑凑分子。他对得起死去的"戊戌六君子"吗?他对得起拥戴他的同志吗?他对得起谁呢?

康有为在海外的表现更加乏善可陈。他赴加拿大、美国募捐,企图重整旗鼓,收复"失地",唐才常领导的庚子年(1900年)武汉自立军起义与他大有关联。起初,海外华侨虽然同情"戊戌六君子"惨遭大辟,捐款却并不踊跃。于是康有为诓(kuāng,欺骗)称光绪皇帝特赐衣带诏,他奉朱谕出走海外,可便宜赐封公、侯、伯、子、男五等爵位。南洋华侨要他出示衣带诏原件,他说,"此神翰也,出阅之时,必向北方摆香案,着朝衣朝冠,行三拜九叩之礼。汝等氓虫,岂能污染宸笔"。这段话的意思是:"这是神圣的书信,拿出来阅读的时候,必须朝着北方摆好香案,身穿官衣,头戴官帽,行三拜九叩的大礼。怎能让你们这些无知的人弄脏御笔!"由于信息不对称,那些热衷爵位的富侨被康有为连蒙带唬弄晕了,纷纷中计上当。"报捐公爵者一万元,捐侯爵者九千元,捐伯爵者八千元,捐子爵者七千元,捐男爵者六千元,捐轻车都尉者五千元,列名保皇党者,皆光绪佐命之臣矣。"这份报价单摆明了要"杀猪"。最令人莫名惊诧的是,一些洋鬼子也跑来凑热闹,纳金求爵,竟不甘居华侨之后。最滑稽的剧目莫过于英国疯子康乾伯(Comchanber)与美国跛子活木李(Homer Lee)对簿公堂。前者被梁启超册封为中国民军大元帅、男爵,后者被康有为册封为中国维新皇军大将军、子爵,两人都捐献了数万元给保皇党,但谁受谁节制才对呢?职分并不明晰。他们互争雄长,结果真相大白,一时间沦为笑柄。

　　康有为在海外募得巨额款项,真正输入国内援助武汉自立军的银洋不足其所得的十分之一,由于再三展期,自立军起义最终谋泄而败,唐才常、林圭等二十多位与义者壮烈牺牲。此事的真相,后来被知情人揭穿,康氏残余的声望就像遇冷的汞柱,一落到底。大学者严复同属保皇派,他批评康有为,痛疾见于言词:"于道途见其一偏,而出言甚易。……鲁莽灭裂,轻易猖狂,驯至于幽其君而杀其友,己则逍遥海外,立名目以敛人财,恬然不以为耻。夫曰'保皇',试问其所保今安在耶?必谓其有意误君,固为太过;而狂谬妄发,自许太过,祸人家国,而不自知其非,则虽百仪、秦,不能为南海作辩护也。"当代史学家高阳更是铁面无情,狠狠地掊击敲打道:"近世高级知识分子,欺世盗名,奸险无耻,莫过于康有为!"从以上二人的酷评不难见出,有识之士对康有为的人品和晚年行事极端鄙夷。当年,"革命和尚"苏曼殊激于义愤,携短枪赴香港刺杀康有为,若非康氏平日防范甚严,请来印度阿三昼夜护院,恐怕难逃一劫。

晚年上演丑剧

袁世凯称帝后,骑虎难下,康有为写过《劝袁世凯退位书》和《再与袁世凯促退位远游书》。在这两封公开信中,康有为称袁世凯为"慰庭总统老弟"和"慰庭前总统"。第一封公开信尚有半真半假的"善意"，他提醒袁氏，"况公起布衣而更将相，身为中国数千年未有之总统，今又称制改元，衮冕御玺，而临轩百僚，奏臣陪位已数阅月，亦足自娱矣。又过求之，恐有大患矣。公自审其才，上比曾、左、李诸公，应远逊之；而地位乃为羿、浞、王莽，势变之险如此，尚不急流勇退，择地而蹈，徘徊依恋，不早引去，是自求祸也"。可惜言者谆谆（说的人很诚恳），听者藐藐（听的人却不放在心上），袁世凯根本没把过气角色康有为当回事。第二封公开信很不客气，简直就是诅咒袁世凯早死早升天，"嗟夫！公以顾命之大臣而篡位，以共和之总统而僭帝，以中华之民主而专卖中华之国土，荼毒无限之生灵，国人科公之罪，谓虽三家磔（zhé，分裂）蚩尤，千刀剸（tuán，割断）王莽，尚谓不足蔽辜。但吾以为文明之法，罪人不孥，枯骨不毁耳。公早行一日，国民早安一日，时日曷丧，及汝偕亡"。康有为教训别人很舒服，被别人教训就没那么愉快了。

1917年，辫帅张勋举兵复辟，扶溥仪重登金銮殿，康有为不甘寂寞，参演丑剧。开场锣刚响时，康有为相当高调。他不等溥仪下"诏"给赏，就以首辅自居，入宫之初，已珊瑚其顶珠，仙鹤其补服，以极品自封。他还预先草定八篇

"诏书",其中"虚君共和"、"废除大清名义"、"定中华帝国"的主张遭到刘廷琛等大臣的坚决抵制,未予采纳。因此其人被众人视为怪物,其事被众人视为笑柄。伪朝内阁议政大臣的行列中压根就没有康有为的位置,仅以弼德院副院长的虚衔敷衍他,院长是徐世昌,可谓敬鬼神而远之。好友徐致靖闻讯后,即写信给康有为,劝他不要逆时代潮流而动,跟着辫帅张勋和小孩子溥仪胡闹不会有好结果,其中有的话很难听,说康有为出任弼德院副院长,即相当于做徐世昌的姨太太,我替你感到难受和羞耻。就算受到老友责备,遭到国人唾弃,康有为仍沾沾自喜,欣然受印,居然觍颜将这个伪职写进老母的墓志铭。万木草堂的领班弟子梁启超一向对恩师康有为十分敬重,但在这个大是大非的节目上他并不含糊,毅然拿出亚里士多德"吾爱吾师,吾尤爱真理"的非凡勇气,通电怒斥跳梁小丑借尸还魂的鬼把戏,"此次首造逆谋之人,非贪黩无厌之武夫,即大言不惭之书生,于政局甘苦,毫无所知",词锋所指,康有为避无可避。段祺瑞马厂誓师,奋力扫除妖氛,梁启超即在其麾下出谋划策。康有为丢了职位,丢了脸面,切齿恨恨地说:"此次讨逆军发难于梁贼启超也!"辫子军难成大事,复辟丑剧昙花一现十三天,即被讨逆军打得七零八落,作鸟兽散,溥仪逃到英国公使馆寻求政治庇护,张勋躲进荷兰公使馆抽大烟解愁，康有为则龟缩在美国大使馆长吁短叹，对梁启超必有以报之，写下一首七言绝句：

鸱枭食母獍食父，刑天舞戚虎守关。
逢蒙弯弓专射羿，坐看日落泪潸潸！

这首诗的意思是："鸱鹰、猫头鹰长大后吃掉自己的母亲，獍长大后吃掉自己的父亲，刑天舞着盾牌、大斧，猛虎守着出入的要道。逢蒙拉开硬弓专射师傅大羿，我坐着眼看日暮途穷眼泪长流。"康有为用动物界和神话中几个反噬（fǎn shì，反咬）的典故来斥骂梁启超忘恩负义，背叛师门，这足以说明他缺乏服善之智和改过之勇。

1927年初，康有为去天津为溥仪祝寿，他自作聪明，建议废帝溥仪改清室国号为"中华"，令溥仪心生不悦，以至于康有为不久归山，其门人徐良请求清室赐谥，竟未获许可。康有为死心塌地做奴才，结局不过尔尔，真是可悲可叹。

康有为中夜徘徊，受到良心谴责时，也曾作联语表达内心的感伤：

复生不复生矣，

有为安有为哉!

复生是谭嗣同的字,若九泉之下有知,必然十分痛心,他会悔恨自己当初看走了眼,竟把满怀信任孤注一掷,全押在这位陋儒和犬儒身上。

"性格即命运",但我觉得,"性格"还稍嫌抽象了一些,换为更古雅的"器识",才逼近真实。曾子说"士不可不弘毅,任重而道远",裴行俭说"士之致远者,必先器识而后文艺",顾炎武说"士当以器识为先。一命为文人,则无足观矣",他们都把"器识"放在首要位置,并认为它能够起到决定作用,这显然是智者一生的心得。康有为的器识如何?其器量之狭小,识见之短近,上文多有指陈。历史选择这位小器浅识的狂生来充任19世纪末改良中国现实的领袖,简直有点瞎扔骰子乱出牌的意思。我总觉得,历史并非是一位盲目盲心的上帝,恰恰相反,他比谁都心明眼亮。只不过他太喜欢捣乱,很少有一点正经,恰如《伊索寓言》所示,他总是故意选派"水蛇国王"来治理"青蛙王国"。更远的且不说,光是近、现代,袁世凯、北洋军阀、蒋介石等人,哪个不是名副其实的"水蛇国王"?真够天下老百姓丢魂丧魄的了。相比而言,康有为的根底显然要比众魔头好得多,却由于个人器识褊狭,师心自用，小算盘打得太多，最终老大徒伤悲。

1923年，陕西督军兼省长刘镇华请康有为到西安讲学，闹出圣人盗经的大笑话。康有为喜欢收藏宋版古籍，恰巧西安卧龙寺内尚存数函宋版藏经，康有为向寺僧定慧强"借"不还，引发诉讼，招来舆论的一致谴责。渭南文人武念堂以此趁手的题材作缩脚联一副，酷评康氏所为，极尽讽刺嘲骂之能事：

国之将亡必有
老而不死是为

横批是"王道无小"。上联缩去"妖孽"二字，下联缩去"贼"字，横批缩去"康"字。全联明嵌暗镶"康有为"姓名，骂他是妖孽，是贼，无一字无来处。

康有为在政治上竹篮打水一场空，晚年镌印，总结半生业绩，强作欢响：

维新百日，出亡十四年。三周大地，游遍四洲。经三十一国，行四十万里。

南海圣人康有为自鸣得意，调子极高，却短缺必要的反省精神，至死而不悟。他行与言违，一生知行相悖。年轻时落魄潦倒，康有为仍嫖兴十足，欠下大笔嫖资，被妓家追索。康有为逃债，用的是三十六计最后一计。他选择水路，结果妓家闻讯前来搜船，从船头搜到船尾，却一无所获。开船后，水手们才发现康有为躲在船板下。此事传出，遭到天下人耻笑，便有死对头写了一首讽刺诗，其中两句是："避债无台却有舟，一钱不值莫风流。"还是康有为的弟子梁启超最了解老师，他批评道："先生日美戒杀，而日食肉；亦称一夫一妻之公，而以无子立妾；日言男女平等，而家人未行独立；日言人类平等，而好役婢仆……凡此皆若甚相反者。"这话的意思是："康先生每天都赞美不杀生，却每天都吃肉；也称道一夫一妻才是天下公理，却用没儿子做借口娶小老婆；他每天都说男女平等，可是他家里的女人却并未独立；每天都说人类平等，却喜欢使用丫环仆人……凡是此类种种事情，都似乎是言行大为相反的。"你若看过徐悲鸿画的《康有为妻妾成群图》，就一定会想：康有为以势利为先，以谎言为饰，不仅多求多欲，而且口是心非，历史却故意出幺蛾子，将他钦定为第一人选，去主持中国19世纪末的变法维新，真是可悲可叹！

到了民国初期,康有为动用华侨的大笔捐款,在杭州西子湖畔丁家山建造别墅一天园。1917年暮春,他相中芳龄十九的船娘阿翠(张光),娶为六夫人。贪财,好色,爱慕虚荣,追求享乐,这位"风流圣人"从未亏待过自己。然而凡事过犹不及。据《万象》六卷九期毛丹先生的《康有为晚年》一文所记:六十九岁时,康有为受域外医学"奇迹"的蛊惑,竟异想天开,请德国名医冯·斯泰勒为自己动手术,移植"青春腺"(年轻公猿的睾丸),想要抗拒衰老,手术之后不久即一命呜呼。这真是可悲可诧的昭示,康有为给大清帝国所动的那次"手术"岂不是同样不靠谱吗?二者都对"受体排异性"悍然不顾,结果则完全一致。

我们过多地批判康有为的道德缺陷是没有意义的,大人物能在道德上站得住脚跟的本来就属凤毛麟角,兵家必行诡道,政治家又何尝不是如此,他们缓解精神压力的方式就是在道德上反复突破底线。我感到奇怪的只是:康有为欲多谋寡,志大言夸,性格狂躁,器识褊狭,完全缺乏领袖气质,当年居然有那么多社会精英病急乱投医,指望这位闭门自封的"素王"能够将中国救出无涯的苦海,登于光明的彼岸,天真得匪夷所思。这说明,历史除非不开类似的玩笑,倘若一定要开,就会充满恶意。

杨度
误入歧途的大才子

杨度认为只有"宪政"这味猛药可以直抵病灶,根治中国的"四大顽疾"。下医医人,上医医国,对此,他的自信并不输给孙中山、黄兴和宋教人。

在中国近、现代历史的结合部，知识分子的命运非常特殊，融通意义上的"调适"与"应变"，常常如古代寓言中那位东食西宿的齐女一般，左右逢源，而这恰恰是附丽于二十世纪初叶中国文化精英身上共同的保护色。梁启超被人称为"变色龙"，已不待言；其余，章炳麟、刘师培、陈独秀，包括鲁迅，他们又何尝不像骰子被某只无形的巨手重重地掼在赌台上，不停地翻转变化着，或由激进变成保守，或由保守趋向激进，一时难以定夺。这种通权达变实属身不由己，它使知识分子阵营不断分化而又聚合，聚合而又分化，铁打的堡垒流水的兵，彼此忽焉为敌，忽焉为友，不管为敌或为友，都只因一时政见相悖，无论谁落了荒，下了野，倒了楣，彼此仍能一如既往地相安，相容，而不相害。这是游戏规则中最合理，也最深入人心的一条。

杨度（1874—1931）就是典型的例子。早年，他独树一帜，赞成维新，却不赞成扶清；赞成革命，却不赞成共和。其"君宪救国"的主张与孙中山的"民族革命"思想大相抵牾。他与梁启超志趣相近，缔交尚属情理之中，意料之内；他与孙中山政见相距万里，握手言欢，怎么可能？当年（1903年左右），杨度是中国留日学生总会会长，与孙中山和黄兴都有深厚的私交，正是他而不是别人撮合了孙、黄两位革命巨子的初晤。据刘禺生《世载堂杂忆》所述，孙中山曾在日本横滨永乐园设宴，与杨度辩论终日，现场气氛相当活跃：

> 晳子（杨度字晳子）执先生手为誓曰："吾主张君主立宪，吾事成，愿先生助我；先生号召民族革命，先生成，度当尽弃其主张以助先生。努力国事，期在来日，无相妨也。"晳子回车，喟然叹曰："对先生畅谈竟日，渊渊作万山之响，汪汪若千顷之波，言语诚明，气度宽大；他日成功，当在此人，吾其为舆台乎？"

"舆台"是古代社会中等级最为低下的奴隶阶层，后泛指地位卑贱的人。这就是说杨度自始就预感到孙中山会成功，自己会失败。若干年后，袁世凯垮台，杨度果然践履在横滨永乐园许下的政治诺言，当陈炯明叛变，吴佩孚大兵压境时，杨度在北京利用自己的人脉资源，广泛活动，使直系军阀内部产生分歧,吴佩孚驱兵"入粤助陈"的计划化为泡影,纾解了危局,消除了孙中山的心头大患。孙中山在上海接见刘成禹等人时,夸奖道:"杨度可人,能履政治家之诺言!"

那些骂杨度为"无耻政客"的高人显然忽略了一点:现实政治除了受到利益原则驱动,还有一些人是独往独来,能够出入无碍的。虽然杨度的人品不无可议,但他确实具有一腔爱国热诚。护国军倒袁功成,蔡锷旋即去世,杨度为之撰写挽联,其词为:"魂魄异乡归,于今豪杰为神,万里河山皆雨泣;东南民力尽,太息疮痍满目,当时成功已沧桑。"按理说,撰写这副挽联的作者可以是张三李四王五赵六,不应该是杨度。毕竟蔡锷是"洪宪"王朝的终结者,是袁世凯的掘墓人,给杨度的政治生涯造成了致命伤。但后者抛开敌意,向前者奉献哀忱,胸襟自见,根本不是猫哭耗子假慈悲的那一套。这就足见当年服善推贤的政治与后来勾心斗角的政治,其分野有如田间与沙际。

当然,我们也应该看到,受利益原则强力驱动下的救国,最终必然会因为各个势力集团的厮拼而变成一场臭烘烘的丑剧和闹剧,受损害的总是人民。"爱国"的漂亮幌子人人会打,它五颜六色,晃得大众眼花心烦,国家却愈益迅速地衰败下去,像一部破车闷头坠入黑漆漆的深渊,想挽救都来不及。

由于不合其时,不应其方,不得其径,杨度的爱国赤诚完全归于失败,而失败者较容易获致广泛的同情。但于他而言,同情的滋味未必好受,那么苦涩辛酸,多加几块"方糖"又有何用?

杨度的内心自始至终富有激情,爱国救世的雄心也是愈挫愈奋。正因为这样,他的悲哀就更大,痛苦就更沉,那份积郁不化的忧伤横亘于胸膈间,就绝不是吟诗可以排吐的,也不是学佛所能消弭的。

湖南少年

宣统三年(1911)四月,梁启超撰写《中国之武士道》一书,杨度为之作序。

起源于中国春秋战国时代的武士道精神早已失传,居于蕞尔岛国的日本人吸取其精髓,恪守其精义,反而完整地继承了这笔精神遗产。近代以来,日本明治维新,武士道精神得以发扬光大,凭仗它称雄于世。对此,杨度作出过鞭辟入里的分析:

"日本之武士道,垂千百年,而愈久愈烈,至今不衰，其结果所成者：于内则致维新革命之功，于外则拒蒙古，胜中国，并朝鲜，仆强俄，赫然为世界一等国。若吾中国之武士道，则自汉以后，即已气风歇灭，愈积愈懦，其结果所成者：于内则数千年来，霸者迭出，此起彼伏，人民之权利任其铲剥，任其压制，而无丝毫抵抗之力；于外，则五胡入而扰之，辽、金入而扰之，蒙古、满洲入而主我，一遇外敌，交锋即败，至今欧美各国，合而图我，人为刀俎，我为鱼肉。国民昧昧冥冥，知之者不敢呻吟，不知者莫知痛苦，柔弱脆懦，至于此极。比之日本，适为反对。……至今国势之危，有如累卵，举国上下，人尽知之。无论如何顽固之徒，未有信今日之中国为太平无事者，然知之而遂心焉忧之，谋所以挽救之者，举国中无几人焉。……而日本学之（武士道），反能了人生之义务，故其人于成仁取义之大节，类能了达生死，捐躯致命以赴之。故楠正成之将赴难于凑川也，诣明极楚俊禅师而问以死生交谢之际，禅师答曰，"截断两头，当中一剑"，而正成遂死。新田义贞之将死国也，以书遗子孙曰，"进亦非死，退亦非生，死生终必有期，譬如由昼入夜，由夜入昼"，其彻悟通达如此。故能轻弃其学佛之躯壳，以保全其学儒之精神。

西乡、福泽之流，皆遵此道以成一世之伟人者也。吉田松荫有言，"道尽心安，便是死所"，乃诸人所共同之心得矣。国民乎！其有以武士道之精神，与四千年前之人物，后先相接，而发大光明于世界，使已死之中国，变而为更生之中国，与日本之武士道同彪炳于地球之上，称为黄种中第一等国民乎！则或者挟虚无党之刃，以与雷电争光也；或者举革命军之旗，以与风云竞色也；或者奋军国民之气，以使中国国旗扬威振彩于海外，以与列强争一日之雄也！

力倡武士道精神的人，了生达死，肯为崇高志愿抛洒一腔热血，他们具备"虽千万人吾往矣"的豪气，还要有"众人誉之而不加劝，举世非之而不加沮"的心理素质。杨度就是这样一头湖南犟骡子，他只做自己最想做的事，为此可以冒天下之大不韪。但很显然，他身上的武士道精神火候未到，最终下不了决心为君主宪政的变质和失败而切腹明志，却回帆转舵，以求全身远引，这是他自批耳光，旁人看了，也不知该如何安慰他。武士道精神太沉太重，比九鼎还沉，比泰山还重，又岂是知行分裂的清谈之士以弱肩扛得起的！

梁启超为人率意天真，平日想怎么说就怎么说，想怎做就怎么做，强力强行，锐思锐觉，内心了无滞碍，有人批评他喜欢出尔反尔。这是否表明他在择友方面也缺乏原则？当年，梁启超推重杨度，几乎到了无以复加的地步："风尘混混中获此良友（指杨度的诗文），吾一日摩挲十二回。不自觉其性之移也。"还宣称："昔卢斯福（美国总统）演说，谓欲见纯粹之亚美利加人，请视格兰特（美国南北战争时的北军统帅）；吾谓，欲见纯粹之湖南人，请视杨皙子（杨度字皙子）。"这个评价究竟有多少水分？现在的答案肯定对杨度不利，然而上个世纪伊始，同盟会尚未成立之前，中国留日学生几乎不会抱持任何异议。口诵曾国藩、左宗棠、谭嗣同这些名字，谁还会怀疑湖南人于近代史有极大的推动作用，是中国命运的火车头？岂止"无湘不成军"，简直是无湘不成事。湖南人的自豪感常常溢于言表。身为一个"纯粹之湖南人"，杨度身上除了具有湘人通备的勇毅、执拗和坚忍不拔的性格之外，必然还有其过人之处。试想，一介书生，仗剑去国，志在扫清六合，重铸华夏之魂，气魄该是何等雄奇豪迈！杨度作《湖南少年歌》，曾激沸无数有志青年——尤其是湖湘子弟，包括黄兴、蔡锷、宋教仁、陈天华等人——的热血，他们借此喊出内心的最强音。无疑，它是一支射向黑暗地带的响箭，不应被愈积愈厚的岁月黄尘久久沉埋。且听——

我本湖南人,唱作湖南歌。
湖南少年好身手,时危却奈湖南何!

又道是:
中国如今是希腊,湖南当作斯巴达;
中国将为德意志,湖南当作普鲁士。
诸君诸君慎于此,莫言事急泪流涕。
若道中华国果亡,除是湖南人尽死!
尽抛头颅不足惜,丝毫权利人休取。
莫问家邦运短长,但观意气能终始。

又道是:
垄头日午停锄叹,大泽中宵带剑行。
窃从三五少年说,今日中原无主人。
每思天下战争事,当风一啸心纵横。

又道是:
救世谁为华盛翁,每忧同种一书空。

群雄此日争逐鹿，大地何年起卧龙？
天风海潮昏白日，楚歌犹与笳声疾。
惟持同胞赤血鲜，染将十丈龙旗色。
凭兹百丈英雄气，先救湖南后全国。
破釜沉舟期一战，求生死地成孤掷。
诸君尽作国民兵，小子当为旗下卒！

杨度在《湖南少年歌》中，特别提到了他衷心钦慕的华盛翁（美利坚开国总统华盛顿），这说明他起初是向往共和国体的。后来，他改弦更张，执著于君主立宪，也是因为他对危如累卵的国势和蒙昧未启的国民素质太缺乏信心。在此歌行中，他力倡"先救湖南后全国"，这成为黄兴当时极欲实行的革命方略。《湖南少年歌》广为传诵，以上两点是关键之关键。《湖南少年歌》流行于湘籍留学生中，他们几乎口口能诵，因为它包蕴有巨量的豪壮之美，是当时的最强音。

"怒向刀丛觅小诗"，没有豪情壮气能行吗？老朽的中华帝国若要还阳，重造少年身，首先就要重铸一颗鲜活的少年心，当年，杨度作《湖南少年歌》，众人一唱而血沸；梁启超作《少年中国说》，举世一读而心惊。杨度与梁启超，一个是英锐的"湖南少年"，一个自号为激进的"少年中国之少年"，这种猛志固常在的狂飙精神正是那个时代青年人所向往和崇仰的。杨度才雄器伟，高歌猛进，以澄清天下为己任，一度站到整个革命阵营的最前列，后来他突然抽身，易帜而去，不禁令人为之扼腕叹息。被狂热的激情推举到顶峰的人，也极有可能被错误的理性拽下万丈悬崖，这一定律不幸再一次在杨度身上得到验证，他自以为拿到了一手好牌，可是孤注一掷的结果只剩下"悲惨"二字。

"旷代逸才"

很长时间，杨度一厢情愿地认为，他是袁世凯夹袋中的人物，现在不启用，是为了将来一朝大用，这个想法太牢固了，就害了他。

1908年，摄政王载沣欲置袁世凯于死地，未能如愿，但还是强行将袁氏开缺回籍。这时，袁世凯失势，树倒猢狲散，门前冷落鞍马稀，别人都拍屁股走了，杨度却兴兴头头专挑这样的特殊时期去大烧冷灶，先是与严修去前门车站为袁世凯送行，然后有空就跑到河北彰德洹上村给袁世凯通风报信，出谋划策，这些举动博得了袁世凯的好感。

袁世凯欣赏杨度的宪政之才和他早年提出的富国强兵的

"金铁主义",但这纯然是一种老板对职工的欣赏。真要论人才,袁世凯更看得上眼的是生财有道的总统府秘书长梁士诒。梁士诒与杨度因缘不浅,两人曾同期赴考清末"经济特科",被爱才惜才的大主考官张之洞分别擢拔为优等第一名和第二名,相当于状元和榜眼。然而梁士诒的姓名往那儿一摆,顽固保守的后党左看右看,横看竖看,竟看出老大的忌讳(这帮家伙看世界大势只有鼠眼,找茬子却有鹰眼):吓,原来是"梁头康脚"。梁士诒姓梁启超的梁,是"梁头",康有为原名祖诒,他名士诒,是"康脚"。慈禧太后深恶康有为、梁启超师徒二人,她又恼又恨,发下口谕:此次经济特科"选士不严,品流庞杂",着令推翻重来。梁士诒冤里冤枉落了榜,杨度也跟着稀里糊涂遭受池鱼之殃,真够倒霉的。从此,杨度就认定梁士诒是他仕途上的头号克星,沾上他就沾上厄运。

1913年8月,熊希龄组织名流内阁,极欲延揽杨度为交通总长,然而这一美职是梁士诒盘中的禁脔,岂容他人染指!梁士诒向袁世凯进言:"门外汉如何掌交通?"杨度就没戏可唱了。熊希龄实在过意不去,请杨度屈就教育总长一职,权当是给老朋友撑撑台面,杨度以不屑一顾的口吻答复道:"我帮忙不帮闲。"这话语带双敲,因杨度八年前曾帮熊希龄度过一回大难关,为他捉刀撰写考察西洋宪政的系列报告,现在熊希龄竟以"冷猪肉"为酬谢（教育部为闲曹），杨度心中自然愤愤不平。当年即有人认为，杨度的皮袍里面此时还揣有一个如意算盘，他估摸"老猿"的龙心尚未餍足，算准自己不久就能行时走运，成为"开国元勋"，又何苦先坏了大好的身子？他致书友人，透露了这样的意思："余诚不足为帝王师，然有王者起，必来取法。"杨度的想法有点出奇，他希望袁世凯能成为德皇威廉一世、日本明治天皇那样雄心勃勃的有为明君，他就可以效仿铁血宰相俾斯麦、伊藤博文，成就一番伟业。

这样说，杨度的确是一位过于自信的理想主义政治操盘手，他在政治上走的是一条黑路，一条通往坟场的路，一条通往地狱的路，却紧紧抱着"我不入地狱谁入地狱"的道德勇气，固然有别于那些利禄之徒，但并不明智。

有一回，袁世凯与杨度单独议事，突然兴起，想出一道摸底测验题，他以垂询的语气问道："阁下睿智英明，知深虑远，请问，立国之道，帝国、民国两种国体，何者最适合我泱泱华夏？"这问题仿佛飞来的外星陨石，令杨度猝不及防，他好一晌沉默无语。袁世凯又追问一句："尊意以为如何？"杨度缓过神来，语气凝重地回答："民主共和是世界潮流所趋，国家主权属于人民全体，乃为不可争议的定数。但以中国国情而论，民智未开，政治未修，文盲充斥，思想闭塞，建设落后，比之西方，差距何止百年。不过为政在人，有贤能之政府，就有国富民强之希望，帝国、民国谁为是，谁为非？总归一句话：'事在人为。'"杨度的意思够清楚，袁世凯感到很欣慰，他深知，要取消议会制度，尽快将天下定于一尊，回到专制老路上去，则不可不招揽杨度这位淹通各类治术的一流人才。

杨度认为，君主、民主并无高下优劣之分，关键在"宪"而不在"主"。以四大列强作对照，英国的君主优于法国的民主，美国的民主又优于德国的君主，孰优孰劣，并不能一概而论。在"君主宪政"这四个字中，"宪政"二字的分量更重。他还认为，立宪的好处多多，至少有这样几个方面：限制军人跋扈；开启民智；约束国家元首的独断专行；摒绝政府违反民意的卖国行径。这是当时中国的四大顽疾，杨度认为只有"宪政"这味猛药可以直抵病灶，铲除病根。下医医人，上医医国，对此，他的自信并不输给孙中山、黄兴和宋教仁。

中国民众向来崇拜绝对权威，国王即可作此象征。如果说宪政是茶壶，君主则是茶壶的把儿，没有它，茶壶就拎不起来。杨度的名文《君宪救国论》开宗明义："如不废共和，立君主，则强国无望，富国无望，立宪无望。"杨度深信，君主立宪可使国家培元固本，避免流血，他已经越来越讨厌暴力革命。梁启超对杨度的高论不以为然，他正色相告："此何时，此何事，项城又何人，而可如是其轻且易耶？"在国事共济会的宣言里，杨度再次特别声明："以保一君主为目的而使全国流血，君主立宪党所不忍出也。以去一君主为目的而使全国流血，民主立宪党所不忍出也。何去何从？必诉之于国民公意，要求发起国民会议，以国民之公意决之。"尽管这是十足的书生之见，但也说明他关心的并不只是君主的去和留，他还关心民意的赞成与反对。问题就在于：谁又拿得准真实的民意？就算有这样的民意，也会遭到大独裁者袁世凯和各路军阀的轮奸。

细论起来，帝制的先声并非由杨度首发，首发者是一位美国博士、中国通古德诺，他是袁世凯多国顾问班子中的一员，卸任归国前，袁世凯付出五十万元的润笔费，请他写一篇《共和与君主论》，发表在北洋政府控制的《亚细亚报》上。古德诺是世间最好的共和制国家（美国）的学者，他的话自然具有足够的"说服力"，如果他认为共和制度不像君主制度那么适合中国国情，别人也很难驳倒他。古德诺曾向袁世凯进言："贵国人民的民主素质比欧美人差远了，以这样的素质而实行民主共和制，就像贵国的一句成语所言，叫做'削足适履'啊！要让我说，如果将贵国的政治制度改为君主立宪，这也可以套用贵国的一句成语，叫做'亡羊补牢，犹未为晚'。"古德诺认为，在民智卑下的国家建立共和制，无异于开启乱源，南美、中美诸国兵连祸结，政局长期动荡，就是这个原因。花粉过敏的人还是远离鲜花为妙。一言以蔽之，从国民的历史习惯、社会经济状况、与列强的关系等角度来看，中国的立宪政治更适合君主制，而不是共和制。

杨度的《君宪救国论》三篇与古德诺的《共和与君主论》正相呼应，他的论点是：中国欲求富强，必须先求立宪，欲求立宪，必须先求君主。有了确定不拔的法制，政治完全在法制的轨道上运行，就不会出现中国封建专制朝代"人存则政举，人亡则政息"的局面。在眼下群雄纷争的乱世里，要确保立宪的顺利完成，又非得袁世凯这样的超级铁腕人物出头不可。于是，中国要"定于一"（元首要有一定之人），君主的角色惟有袁世凯一人可以胜任。杨度之所以为杨度，太过自信，自以为算度之精一世无几。他深入分析当时中国各个政治集团和军事集团的实力，孙中山领导的同盟会和其后身国民党虽有抬头伸脚的余地，却徒有大志而无军队；四方割据的军阀虽有抬头伸脚的空间，却徒有军队而无大志；唯独袁世凯既握有北洋系的重兵，又有一统天下的大志，更有无限伸展的政治舞台，他选择这样的强者去寄托人生理想，似乎并不为错。何况袁世凯的心思路人皆知，他对君主宪政（此公所理解的君主宪政很简单，那就是称孤道寡）抱有强烈的兴趣，也唯有他的铁腕才能将杨度托向事业的巅峰。此外，杨度对中国国民的素质向来存有疑虑，如此蒙昧的国民怎配享受民主、自由和平等这些极致的政治权利？"有什么样的国民就有什么样的政府"，就算四万万国民被唤醒了，有了基本的自觉，要求得到天赋人权，谁又能将这份久已失落的权利原封不动地奉还给他们？他认为，中国的君主制只能以宪政重新铸造，法制可以抵消专制，而不宜以革命的霹雳手段将其连根拔出，在共和的名义下形成新的专制。然而，杨度始料不及的是，半寐半醒的国人固然在短期内难以振作，但孙中山旗下的志士已八方鸣镝，四海摇旗，袁世凯的御座已变成电椅，宫殿将沦为墟墓，"皇帝"二字已是革命党的眼中钉，肉中刺，务欲拔除而后快。

1915年2月，袁世凯的长公子袁克定以杨度为媒介，在私宅宴请梁启超。酒酣耳热之际，杨度问梁任公："假设改共和为君主立宪，不知道外间会怎么说？"他讲这话，目的是要套取口风。梁任公当然听得出弦外之音，就佯装出七八分醉意，用"只问政体不问国体"一语搪塞过去，随即引身避祸,找了个借口匆匆离京,以躲避袁世凯和杨度的继续纠缠。在天津,梁启超发表《异哉所谓国体问题者》,抨击君主立宪制,为共和制辩护,这是公开与杨度唱反调,与袁世凯划清界限。据张一麟《袁幕杂谈》所记,"杨度往津,劝任公毁其《异哉所谓国体问题者》一文,任公不允,斥之甚厉,(杨度)面赤而退"。两位好友从此站在互相敌对的立场上。梁启超秉承古人风义,写信给杨度,道是:"我二人政见虽歧,私交如故。今后各行其是,不敢以私废公,亦不必以公害私。"然而在政治家的心目中,公与私又如何能够撇得泾渭分明?越是声称不绝交,就越是绝交。

1915年8月14日,杨度串联孙毓筠、李燮和、胡瑛、刘师培和严复,联名发起成立筹安会。筹安会的宗旨是"筹一国之治安"。刘禺生在《洪宪纪事诗本事簿注》中嘲讽道:"吾初闻筹安会之名义,因不禁欣然色喜曰:'运筹帷幄,可望久安长治矣。'既有筹安之名,必副筹安之实。是筹安当保太平也,夫岂尽推翻共和之议哉!吾继知筹安会之内容,又不觉喟然长叹曰:'一筹莫展,从此民无安枕矣。'未享筹安之福,先遭筹安之殃,是筹安适以扰乱也。何竟有恢复帝制之举哉!筹安会诸君乎,非今之所谓民贼而何?"刘禺生看清了真相,由失望而怒骂,在当年稍稍清醒的国人中,这种感受确实极具代表性。

表面上看,筹安会是一个研究国体(究竟是共和好还是君主好)的学术机构。筹安会发起前数日,袁世凯召见杨度,他意味深长地说:"共和已难以维持,你何不在外面约集一些人鼓吹鼓吹。"杨度认为时机不够成熟。但袁世凯胸有成竹,此时欧战(第一次世界大战)方酣,南方未靖,日本政府提出极端无理的"二十一条",形势迫在眉睫,并不以为难办,他有英、德两国(都是君主立宪国)的强力支持,腰板子一点也不软。不明真相的人总认为,是杨度和袁克定急不可耐地怂恿袁世凯称帝,前者好借机捞个国师当当,后者好顺势弄个皇储做做。其实,袁世凯本人欲火焚心,对"皇帝"的虚名垂涎三尺。杨度只不过是袁氏棋局中的一枚过河卒子,他哪有什么抉择权?

杨度如此肯帮忙,积极性这么高,除了确有"公心",也有私心作祟。当时,他常在八大胡同厮混,迷恋名妓小赛花,开销不菲,他想为小赛花赎身,老鸨索价极咸。他急于弄钱,苦无名目。袁世凯要做皇帝,此事经梁财神从旁点拨,杨度智窦大开,顿时看到眼前有一条宽广的财路。筹安会的开办经费是十万元,后来又追拨三十万,实际到账二十五万元,由于这些钱被杨度占用不少,筹安会其他成员颇形不满,阅墙之声颇有泄漏,这个组织因此锐减了它原有的活力。杨度甘心登上贼船,又为财色所迷惑,他口口声声所标榜的"爱国"其中藏有多少猫腻?明眼人一看就知。

"筹安会"成立后,有识之士都认定它是娩出皇帝的"私菓子",有两位湖南籍的书生(贺振雄和李海)义愤填膺,第一时间在《顺天时报》上发表呈文,痛骂鼓吹帝制的"洪宪六君子"妖言惑众。贺振雄的呈文中有这样一段话:"窥若辈之倒行逆施,是直欲陷吾元首于不仁不义之中,非圣非贤之类,蹈拿破仑倾覆共和,追崇帝制之故辙,贻路易十六专制魔王流血国内之惨状,其用心之巧,藏毒之深,喻之卖国野贼,白狼枭匪,其计尤奸,其罪尤大。呜呼!国之将亡,必有妖孽,妖孽者谁?即发起筹安会之杨度、孙毓筠、严复、刘师培、李燮和、胡瑛诸贼也。"这是指着"洪宪六君子"的鼻子骂,骂得固然痛快淋漓,却有点隔山打牛的意味,毕竟他赞美的元首(袁世凯)就是想当皇帝的国贼,他骂的只是从恶而非首恶。李海是李燮和的族弟,难得他大义灭亲,不肯给族兄留下半点情面。他质疑内务部:"去岁宋育仁倡议复辟,经大部递解回籍,交地方官察看。以此例彼,情罪更重,若故为宽纵,何以服人?何以为国?"李海也没细想,宋育仁倡议复辟,是想抬出溥仪,"洪宪六君子"挠的可是袁世凯心头的痒痒肉,此一时也,彼一时也,岂可等量齐观,同日而语。

筹安会成立不久,杨度等人鼓噪帝制正在兴头和劲头上,京城人士参照汉、晋以来为篡弑称帝者献符佐命的勋臣给彼辈各取隐名:杨度被称为"莽大夫",拟之为作赋投阁的扬雄;刘师培被称为"国师",拟之为学不类父的刘歆;孙毓筠被称为"斜侯",因为其头偏斜,字曰少侯;严复被称为"短主簿",因为他善谈名理,风度酷似东晋权臣桓温帐中的矮个子主簿王珣;胡瑛被称为"成济",因为他反噬革命,如成济当年反戈伤害高贵乡公;李燮和被称为"李龟年",昔日吴淞炮台司令,居然跟风唱旧曲,大有江南落花时节之慨。这些隐名极尽讽刺之能事,"洪宪六君子"在世人心目中如何不堪不齿,由此可见一斑。

值得注意的是,"洪宪六君子"中,除开杨度和拉来充数的严复,其他四人全都是同盟会元老。这些人昔日发誓要推翻清朝,铲除帝制,现在却甘心为袁世凯加冕称帝摇旗呐喊,究竟是他们落伍了,还是他们堕落了?某些革命党人的热血一旦冷却之后,就只剩下个人的小算盘,政治与投机竟只有一帘之隔。

天津《广智报》曾登出漫画《走狗图》,公开剥掉筹安会中四大金刚（杨度、胡瑛、孙毓筠、严复）的画皮。道是这四人在中央公园来今雨轩聚会，胡瑛说："外间皆呼我等为走狗，究竟是不是走狗？"杨度回答："怕人骂者是乡愿，岂能任天下事哉！我等倡助帝制，实行救国，自问之不怍，又恤乎人言？即以'走狗'二字论，我狗也不狗，走也不走的。"孙毓筠拥护帝制，是铁杆中的铁杆，说起话来，调子比杨度更高八度，他说："我不然，意志既定，生死以之，我狗也要狗，走也要走的。"严复翻译过赫胥黎的科学著作《天演论》，按说，该看得清世界大潮所向吧，却也掉进了芬芳的马桶，他说："我折中其说，狗也不狗，走也要走的。"胡瑛的说法是："然则我当狗也要狗，走也不走。"

这副走狗言志的"四狗拜猿"图，充分反映了当时知识界对筹安会诸君子的鄙夷不屑，但与事实不无出入。严复被杨度生拉硬扯弄去撑门面，实则他并没有参与过筹安会的任何活动。知识分子无拳无勇，若放弃自己的学术特长，逞兴发挥自己的政治特短，就难免会贬损自己的独立人格，被邪气十足的专制政客送进地狱。杨度连袁氏的"走狗"也愿意做，而且乐此不疲，这就给他曲不离口的"君宪理想"抹了黑，使之沾染了太多的秽气和晦气。由此可见，文人不深思熟虑，不权衡得失，就贸然登上政治贼船，是何等不智和不值。

筹安会为鬼为蜮，确实做了不少糟心事，其中有一桩，他们组织人手编印出两本恶意诋毁孙中山和黄兴的书籍，一本是《国贼孙文》，另一本是《无耻黄兴》，明眼人单看书名就知道它们是什么货色。筹安会意犹未尽，还排演了一台套用《西游记》情节、肆意丑化孙中山的京剧《新安天会》，用古怪精灵的孙悟空影射孙中山，用肥步蹒跚的黄风大王影射黄兴，用头戴李花的独木将军影射江西都督李烈钧。此剧极尽奚落之能事，嘲笑孙中山流亡海外，诱骗华侨，一事无成，顾影自怜，高唱一曲《怀乡自叹人》。可算是古往今来"文艺为政治服务"的极品。

与筹安会相呼应，梁士诒组织"全国联合请愿会""国民代表大会"，授意各地官员士绅大力劝进，甚至连乞丐和妓女都动员起来，成立乞丐请愿团、妓女请愿团，恳求袁世凯登基称帝。筹安会有"六君子"，全国联合请愿会则有"十三太保"，阵容更为鼎盛，显见得后来居上，后者的风头压过了前者。杨度再次输给了梁士诒，他倒也识趣，把筹安会的金字招牌撤下，换上宪政协进会的名目，勉强撑个场面，挣个颜面。

梁士诒亲自调度，一时间，犹如腐物招蝇，从全国各地的遗老遗少那儿招引来大量主张废除共和、拥护帝制的"请愿书"和"推戴书",甚至闹出了乞丐、妓女劝进的滑稽剧。与此同时,全国进步舆论纷纷指责梁士诒、杨度等人"莠言乱政","乃国民之公敌",请求袁总统将他们"明正典刑"。当此物议沸腾之际,三位元老——李经羲、赵尔巽和张謇——相继辞职离京,不肯投污处秽,袁世凯倒是安若泰山,稳如磐石,以极其严肃的口吻向其老朋友老部下保证:"在名誉上,在道德上,我决不肯做皇帝!"不过,他只手遮天的手法稀松平常,远不如后世的专制者那么高明,他捂盖得欠严实,致使不少明眼人看出他心怀鬼胎。1915年12月13日,上海《中华新报》撩开遮羞布:"帝制之谋决无第二人作祟,质言之,即万目睽睽千手所指之一人而已。"

这"一人"就是做了终身总统仍意犹未尽而非要过足皇帝瘾的袁世凯。

孙中山先生有一句名言,常被世人挂在嘴上念经:"世界潮流,浩浩荡荡,顺之者昌,逆之者亡。"袁世凯倒行逆施,不仅闹得众叛亲离,而且招致天怒人怨。严修是袁世凯数十年的患难至交,听说老友打算试穿龙袍,不由得感叹道:"吾不料总统之为人竟如此!近来种种之行动,令我愈看愈绝望。""筹安会"挂牌"营业"后不久,严修按捺不住心中的怒气,前往总统府晋见袁世凯,力陈国势危如朝露,此时一动不如一静，万万不可再生祸端，并且历述中国史上君位相承三代必兴劫乱，足见君主制度不宜于中国，既然如此，又岂可恢复弊制，损害国家？他情词恳切，声泪俱下。袁世凯为之动容，当即安抚道："毕竟你是老朋友，他们实在胡闹，你去拟一道命令来，明日即将他们解散！"严修信以为真，十分得意，回去后熬夜拟好解散"筹安会"的命令。翌日，他到总统府请袁世凯签署，却被宣达处挡驾。他这才明白，袁世凯只不过当面敷衍，真心里的那块痒痒肉正被梁士诒、杨度等人挠得舒舒服服，又岂肯让严呆子坏了他的美事。

袁世凯要称帝，不仅徐世昌、赵尔巽、李经羲、严修、张一麐这些老朋友、老部下反对，连他最宠爱的二儿子袁克文也不表赞同，后者多次苦谏，有时声泪俱下，结果被视为不孝子，遭到厉声训斥。他不忍心认父作贼，就在《感遇》一诗中讽劝道："绝怜高处有风雨，莫到琼楼最上层！"此时此刻，已骑上龙颈虎背的袁世凯还哪里听得进逆风逆耳的声音？袁克文吃里扒外，满嘴晦气，惹恼父兄，被软禁在北海，失去了人身自由。

国人的谴责声浪一波强似一波，短命的"洪宪"王朝只存活了八十三天，随后，袁世凯惊惧而死。据时人所记，洪宪皇帝抱恨归西时，大呼："杨度误我！"这一传闻流播开去，

竟逼得通缉犯杨度现身江湖,撰联为自己申辩:

> 共和误民国,民国误共和?百世而后,再平是狱;
> 君宪负明公,明公负君宪?九泉之下,三复斯言。

读者揣度杨度联语中隐含的意思,竟是袁世凯有负君主宪政,君主宪政未负袁世凯;换言之,他杨度不曾误人,倒是他亲手设计的政治蓝图被袁世凯涂改得面目全非。为此,杨度心中郁积着一股不平之气。在他看来,君主宪政何尝不可为,英国是第一个实行君主宪政的国家,它的富强有目共睹。日本实行君主宪政,不到一百年就成为强国,这也是人尽皆知的事实。但他远没有看透,袁世凯只打算披一件宪政的外衣,继续做专制者和独裁者,让他效仿英国国王和日本天皇那样只做形同虚设的国家象征,如何肯依?就算他肯依,他手下的北洋军阀个个图求着"皇帝轮流做,明年到我家"的好运,也不愿看到传国玉玺变成萝卜图章。这班军棍子恣睢横暴惯了,要他们尊重宪法,尊重议会,尊重公理,尊重民意,还不如要一群骆驼穿过针眼。如此情势之下,杨度纵有天大的能耐,也根本无法使这班心思如狼、胆量如虎的家伙移情于权力、财富和美女之外。

真正的智者岂会像杨度那样犯傻，竖子不足与谋而与谋，拗着劲与天下志士为敌，与时代潮流相抗；真正的勇者又岂会像杨度这样犯愣，肯定不会。

他怨什么"遇人不淑"？没什么好怨的。"小羊"与"老猿"纯粹是一拍即合的"自由恋爱"，其间交集并没有"强奸"和"诱拐"的丝毫痕迹。

当年，社会各界普遍将袁世凯称帝的逆举诿过于以杨度为首的"洪宪六君子"，袁世凯的二儿子袁克文一口咬定，就连刘艺舟编写的京剧《皇帝梦》也是遵循这一思路去演绎的。其中有一场戏，袁世凯嘎着嗓子唱西皮："孤王酒醉新华宫，杨晳子（杨度）出来好玲珑，宣统退位孤的龙心动，哪怕它革命党的炸弹凶……"戏中，诗酒风流的袁克文挥拳欲打老爹，骂他不该得陇望蜀，做了总统，还要做皇帝。袁氏则气呼呼地辩解道：身边那些马屁精个个劝进，其实各人心中都揣着升官发财光宗耀祖的小算盘，只不过借此糊弄他，利用他，好图个飞黄腾达。

细想来，杨度几乎未加深虑就将政治理想"投资"给了曾经出卖"戊戌六君子"、最不讲人间道义的袁世凯，这是他圆睁双眼犯下的"投资失误"，即使亏损到血本无归，也很难获致大众的同情。有人说，杨度肯倾心倾力为袁世凯打点"最急于到手,又最羞于开口"的事情,是因为他感激对方的知遇之恩。1907年,他得到袁世凯和张之洞的联合保荐,他们称赞他"精通宪法,才堪大用",以四品京堂充宪政编查馆提调,算是超常擢拔了。

1915年,杨度撰《君宪救国论》,其核心观点是"非立宪不足以救国,非君主不足以成立宪",袁世凯对此激赏有加,特意送给他一块"旷世逸才"的金匾,评价可谓天高,后者乐昏了头,就爽爽快快地签下了"卖身契约"。这话的确刻薄了一点,但未尝没有一两分见地。由此也不难看出,杨度哪里算得上合格的政治家?他身上只有十足的书生气。

袁世凯称帝后,大封爵位,杨度被封为"文宪公",是上上爵了,但这可笑的爵位更像是一个水洗不去、手除不了的耻辱。

久居于溷秽之地而欲自洁,而欲德艺双馨,这怎么可能?杨度枉读圣贤书,却陷身于专制政治的粪池和雷区,久久不能自拔,难怪其恩师王闿运也大摇脑袋,称这位得意门生急功近利,过于憨直,是"自谓不痴"的书呆子!陶菊隐在《北洋军阀统治时期的史话》中揭秘,袁世凯暗骂杨度是蒋干。蒋干盗书,被周瑜使了反间计,是个害主偾事的大笨蛋,可见袁世凯对杨度的终评极差。

愧对恩师

要说杨度愧对天下苍生，他决不会认账；要说他愧对袁世凯，他更不会认账。但他的确愧对一个人，这人是谁？他就是杨度的恩师王闿运。

杨度出生于湘潭县石塘乡，父亲早死，他与妹妹杨庄、弟弟杨钧由伯父杨瑞生抚养成人。拜太平天国起义所赐，杨瑞生累积军功升为归德总兵。杨度和弟、妹少年时代就在总兵衙门熟读四书五经，后返还原籍，受业于张正阳（王闿运的弟子），因为张的褒美和举荐，跻身于衡阳船山书院，得到王闿运的赏识，王先生称赞他"美于文章，妙于言语"。杨度还与王闿运结为姻亲，妹妹杨庄（少姬）嫁给了王闿运的儿子王代懿。

中国有没有这样一部古书，它能让聪明人读了更灵光，蠢人读了更抓瞎？有，这部书叫做《战国策》，这是一部专为智者道，不为蠢人言的宝典。在中国几千年历史中，恐怕再也找不出比战国时期凭三寸不烂之舌谋求功名利禄的辩士和策士更能搅事的人了。其中有一则故事讲到吕不韦，吕不韦原是一位精于囤积居奇、买贱卖贵的大商人，家财百万，仍然大富未安，嫌利润太薄，赚钱辛苦，他想玩点更新鲜更刺激的游戏。有一次，他请教见多识广的老爸：

"众所周知，务农可获利十倍（古代农业如此，当代中国农民种地反而赔钱，真是咄咄怪事）；经营珠宝可获利百倍；如果搞'立主定国'的政治，可获利多少倍？"

吕老爹的报价是："那倍数简直数也数不清。"于是，吕不韦决心从事政治。他果然厉害，一不小心就把赵姬的肚子搞大了，搞出个秦始皇来。他这样搞政治，倒是简单直接，蛮快活的。兵家（军阀项羽之流）不学一人敌，要学万人敌，杨度何等资质？他当然也不会去逐十倍、百倍之利，而要和个大满贯。于是，他接受王闿运的点拨，苦心研究堪称"利器"的帝王学。

帝王学其实是有术无学，任何"学"多多少少都会讲点终极关怀，而"术"则只讲通权达变，毫无定则，纯属工具理性。《史记·商鞅列传》的结语透露了若干消息："商君，其天资刻薄人也。迹其欲干孝公以帝王术，挟持浮说，非其质也。其所因由嬖臣，及得用，刑公子虔，欺魏将卬，不师赵良之言，亦足发明商君之少恩也。"这样的"术"讲求的是为达目的，不择手段，道德良知和某些游戏规则一旦变成障碍，就要一脚踢开。说白了，帝王术只判明得失利害，不分辨是非曲直，其实它就是中国土生土长的马基雅维里主义。帝王术的精义在于"借权"，借帝王之权行我所欲。章太炎在上海坐西牢时曾写诗讽刺杨度，其中两句为"长策惟干禄，微言是借权"，嘲弄的就是他的帝王术。战国时期，张仪为秦国丞相、苏秦腰挂七国相印，干的都是借鸡下蛋的活儿。当时一流的纵横家无不精通此道，奋三寸不烂之舌，四处游说，以布衣之卑身取卿相之高位，居然易如反掌。常言道，"借来的钱好用"，借来的权又何尝不是如此呢？

修习帝王学的人，首先重在"明目"，即静观天下大势，抓住要点和重点。纵横家最怕的就是走眼，看人看事一走眼，则无限心血付之东流，甚至还有性命之忧。修习帝王学，其次重在"利口"，"一言兴邦"、"利口覆国"这样的成语已透露出宝贵的信息，曾有人说，"一支笔，抵得过三千毛瑟枪；三寸之舌，重于九鼎之宝；一人之辩，强于百万之师"，这话并不算太夸张。策士修成利口，不仅舌粲莲花，而且翻手为云，覆手为雨，都不愁没人坚信，不愁没人紧跟。如此游说，何愁大事不谐？除了"明目""利口"的功夫，"狠心"和"壮胆"的本事也不可少。杨度偏执君主立宪的政治主张，与其早年跻身于王闿运门下修习帝王学自有千丝万缕的瓜葛，毫无疑问，西方的君主宪政使东方的帝王术有了更漂亮的外包装。

然而，帝王学毕竟是过气的显学，王闿运和杨度师徒二人逆时而动，逆天而行，先后铩羽而归。王师傅唱作兼工，一身好本事，却苦于找不到舞台；杨徒弟找到了舞台，却选错了剧目，被愤怒的观众轰下台去。他们的遭遇不同，他们的心情也就相反。

王闿运游说过曾国藩和丁宝桢，但那只是在基层摸底，而且是没事找事寻开心。杨度摇唇鼓舌，面对的是权力巅峰上的袁世凯，他的话激活了袁氏的野心，也将宪政，姑且毋论它是否猫腻，端到了台面上，至此杨度的利口算是有所作为了。然而，不幸的是，他看走了眼，不仅对袁世凯这个厚貌深衷的奸慝之徒看走了眼，而且对天下不可逆转的共和大势也看走了眼。结果可想而知，不得其人，不合其势，他那套变相的帝王术（君主宪政）失去了可堪依托的坚实基础，终于像建筑在流沙上的华宇一样轰然倒塌。袁世凯罔顾东西潮流，惹怒南北人心，失道寡助，势穷力绌，不得不宣布退位。杨度试图谏阻，他认为事已至此，退位反而贻笑天下，不如顽抗到底。然而，正所谓"千夫所指，不病也死"，袁世凯面对举国唾骂的滔天洪流，面对"北洋虎"（段祺瑞）、"北洋狗"（冯国璋）的反噬和背叛，胆气已无，想法已变，他急于从沉船上捞到一块救命的木板，此外别无奢求。

树倒猢狲散，杨度的政治生命从此不明不白又痛又痒地完结了，他愤然辞去参政一职，辞呈中傲气十足，大话连篇：

……世情翻覆，等于瀚海之波；此身分明，总似中天之月。以毕士麦（德国铁血宰相，通译为俾斯麦）之霸才，治墨西哥之乱国，即令有心救世，终于无力回天。流言恐惧，窃自比于周公；归志浩然，颇同情于孟子。

异域名相俾斯麦被他拉来作比，无辜受谤的周公被他拉来作比，"吾善养吾浩然之气"的孟子也被他拉来作比，自命不凡的杨度真是好大的面子，好大的胆子。只可惜他这一次完全比拟不伦。

杨度愧对恩师，还有一条：他曾为袁世凯延揽天下名士，将八十多岁的王翁也抬出来充任国史馆馆长，致使恩师清誉遭玷，晚节有亏。这一笔账当然没人真与他算，但他心中那份不能不有的愧疚，该是无计可消除了。早年，杨度留学日本时，王闿运致书陈完夫，抱怨道："杨度以慕名之心转而慕利，前之师我者亦以名也，非求益者也，思依我以立名，名粗立则弃予如遗矣！"不满之情跃然纸上。可意想不到的是，等王翁到了风烛残年，杨度百般殷勤，来请老师出山，看似是报恩之举，是"不弃"，却恰恰是大弃，弃恩师于不义之中。这可能是见多识广的王翁始料未及的吧。

王翁死后，杨度的挽联——"旷古圣人才，能以逍遥通世法；平生帝王学，只今颠沛愧师承"——直赞得恩师与孔子齐肩，与庄子并驾，虽言过其实，倒情有可原。他一生所学非所用，所用非所学，因不听王翁的忠告而弄得一身污秽，又岂是一个"愧"字了得？但他已明显地感到力不从心，所以在自挽联（"帝道真如，而今都成过去事；匡国救民，继起自有后来人"）中，昔日的豪情壮概已磨灭殆尽，既有"沉舟侧畔千帆过"的伤感之意，又有"病树前头万木春"的欣慰之情。

晚景惨淡

"洪宪"王朝土崩瓦解之后，杨度背负着"帝制余孽"的骂名和"帝制祸首"的罪名，黯然南归，遭到段祺瑞临时执政府的刑事通缉。昔日的好友躲开他，如同躲避瘟疫，甚至有人主张对他严惩不贷。杨度这下总算明白，"彼落井下石者，固即握手出肺肝相示者也"，韩愈的痛切之语太有道理了。宠妾小赛花榨尽了杨度的油水，也弃他而去，竟乐得回归风尘,重张艳帜,管领宣南风月。

1917年,杨度静观辫帅张勋和保皇党领袖康有为捣腾的复辟闹剧,通电谴责,指出张勋与康有为之流"其误有四":"度认公等所为,与君主立宪精神完全相反。如此倒行逆施,徒祸国家,并祸清室,实为义不敢为。所可痛者,神圣之君主立宪,经此牺牲,永无再见之日。"他的政治理想就此画上句号。嗣后,杨度做过曹锟(这位北洋军阀以贿选总统的丑闻著称于世)的幕僚,正是曹锟帮助他解除了红色通缉令,还保荐他出任北京大学校长,此举因遭各方反对而未获成功。

上个世纪二十年代,杨度的思想有较大的转变,他积极参加"反帝大同盟"、"中国互济会"和"中国自由大同盟",出面营救过《京报》主笔邵飘萍、北大教授李大钊。特别值得称赞的是,杨度古道热肠,乐于行义:1916年,他被新政府通缉后,匆忙出京,许多贵重物品均无暇顾及,却带走了好友八指头陀郑重嘱托的一箧遗稿。1926年,为了援助烈士李大钊的遗属,他卖掉了自己名下的一座四合院。

及至暮年,杨度混迹江湖,厕身洋场,颇为落拓,他做过"上海闻人"、青帮帮主杜月笙的清客,既无真体面可言,也无大快意可道。他亲笔撰写《杜氏家祠记》,夸誉杜月笙为亦儒亦侠的人物,更被人怀疑为食人之禄(杜月笙每月赠送杨度银洋500元），忠人之事，纯属嘴软手软的昧心之言。因此有人以怜悯的语气评价他："其才可惜，可遇可哀。"

上个世纪二十年代末，民主斗士杨杏佛先生在吴淞中国公学演讲，将中国知识分子的角色演变归纳为"三士论"：年轻时，心忧天下，是志士；壮年时，有了声誉地位，是名士；到了晚年，吃斋念佛，是居士。表面上看去，他们为社会倾尽了毕生精力，其实一事无成。细察杨度一生，正是典型的"志士——名士——居士"三部曲。"洪宪"破产之际，深陷绝望的杨度誓称"从此披发入山，不愿再问世事"，自号"虎禅师"，学佛逃禅。在困境和逆境中，中国传统读书人只能找到这样的精神退路和出路，说得漂亮一点，是"英雄到老终归佛，名将还山不言兵"。杨度平日诵佛，自比为"六祖再世"，不免失于矜夸。也有人褒赞杨度为"顿根利器"，能觉今是而昨非，但他的"顿悟"总令人将信将疑。

杨度曾作《逍遥游辞》，标榜个人志节，其中有这样的句子："常萧然于物外，与一世而长辞。惟赏心而自得，叹同乐之人稀。偶倦游而思返，即兴尽而掩扉。披诗书以自读，引杯酒而酌之。任出处之自便，何外物之能羁。仰天地之闲暇，觉人事之无为。欲长歌以寄意，遂援笔而忘词。"如此旷达潇洒，很难想象这是杨度在人生最低谷时期的心灵写照。

役役尘网，何能超脱？他不得不给自己打一剂麻醉药。

1929年，经潘汉年介绍，周恩来批准，杨度加入了中国共产党，这回他总算找到了可以安身立命的党组织，于晚景落寞中得到了额外的温暖。应该承认，尽管杨度已为鼓吹君主立宪身败名裂，但他的人脉很广，知名度很高，争取他入党仍属明智的举措。这样一来，杨度的政治主张就沾染上多种多样的保护色。黑白赤橙黄绿青蓝紫，他究竟偏爱其中的哪种颜色？他给后人留下了一个谜团，却不曾留下现成的谜底。

刘师培
越堕落越不快乐

乱世人人好变,人人善变。"国学大师"刘师培总是在污泥浊水中辗转其身,最终变得委琐,变得龌龊。越堕落越不快乐,这是命运对他的戏弄。

清朝末年,有两位国学大师与民族革命扯上了千丝万缕的联系,一位是章太炎,另一位是刘师培(1884—1919)。一个字枚叔,另一个字申叔,"二叔"的学问在伯仲之间,他们彼此推崇,互相抬举,只不过气性迥异,一个阳刚,另一个阴柔,结局也大不相同。一个虽然负气使性,常与革命阵营闹点别扭,但还不至于卖身投敌,厚颜事敌,另一个则千流万转,直线堕落,可谓劣迹斑斑,身上烙满了"叛徒""走狗"的耻辱标志,永世难以洗脱。

我们先粗略地扫描一下刘师培的简历,看看能得出怎样的印象。他出生于江苏仪征一个世代书香的门第,曾祖刘文淇、祖父刘毓崧、伯父刘寿曾、父亲刘贵曾都是清代恪守乾嘉传统的经学家,个个通晓经史,家学渊源甚深。传记中描写,刘师培天生异相,尻部残留一根不到一寸的无骨肉尾,左足正中有一块龙眼大小的鲜红胎记,因此他被称为"老猿再世",是聪明异常之兆。刘师培八岁学《周易》,十二岁时即已将四书五经背诵如流,"为人虽短视口吃,而敏捷过诸父,一目辄十行下,记诵久而弗渝"。最牛的是,他只用两个小时就牢牢地记住蒙古地图上一千多个地名,当众复制原图,居然只有一处错误。

刘师培禀赋极高,精勤过人,再加上名师点拨,积以年月,他就不啻克绍箕裘(能继承父、祖的事业)那么简单,还能青出于蓝而胜于蓝,成为名动天下的国学大家。刘师培十七岁进学,十九岁中举,可谓少年得志。他作诗题咏扬州古迹,有警句"木兰已老吾犹贱,笑指花枝空自疑"。刘师培"自疑"是有道理的,富贵终将与他擦肩而过。1904年,刘师培会试落第,盘桓沪上,受到章太炎的影响,倾向民族革命,著有《中国民约精义》等雄文,抨击专制,倡扬民主。1907年,刘师培前往东瀛,加入中国同盟会,成立"女子复权会",创办机关刊物《天义报》,标榜"女权革命",宣传无政府主义,喊出耸人听闻的口号:"破坏一切固有之社会,颠覆现今一切之政府,抵抗一切之强权!"他还发起组织社会主义讲习所,主张没收地主土地,铲除资本家。特别值得一提的是,刘师培是最早介绍《共产党宣言》的中国人,在《天义报》上发表过《〈共产党宣言〉序》,他求新甚急与守旧甚固均趋于极端。嗣后,由于看不惯孙中山的所作所为,且与章太炎发生龃龉，刘师培遂与革命阵营彻底决裂，投靠两江总督端方，叛卖革命党人。端方入川受戮，他亦遭到羁囚，幸而获释，在成都国学院短期讲学，然后前往山西太原，在阎锡山门下充当帮闲的清客，受其荐举，被袁世凯招揽于旗下，成为"洪宪六君子"之一。袁氏建立短命的洪宪王朝，刘师培被册封为上大夫，这番荣华富贵却只是梦幻泡影。1917年，蔡元培聘请刘师培为北京大学国文系教授。1919年1月，刘师培与黄侃、朱希祖、马叙伦、梁漱溟等学者成立"国故月刊社"，以保全国粹为己任。1919年11月20日，刘师培因患肺结核，医治无效，病逝于北京，年仅三十六岁。其主要著作由南桂馨、钱玄同等生前好友搜集整理，居然有七十四种之多，合称《刘申叔先生遗书》。刘师培若肯将全部心思沉潜于学问，不走江湖，不入官场，不求荣达，自珍自励，积健为雄，他只需与章太炎同寿（六十九岁），成就当在章太炎之上。刘师培魂归道山后，蔡元培撰《刘君申叔事略》，字里行间充满了惋惜之情："向使君委身学术，不为外缘所扰，以康强其身，而尽瘁于著述，其所成就，宁可限量？惜哉！"

早慧的热血青年

无论是在精神方面，还是在身体方面，刘师培都属蒲柳之质，弱不禁风，受不起挫折和失败。他十九岁中举，踌躇满志，翌年进京参加会试，自以为"今科必中"，从此官运亨通，前途一帆风顺，却不料名落孙山，"飞腾无术儒冠误"，其翰林梦化为泡影。懊丧之余，刘师培口无遮掩，对考官对朝廷甚至对光绪皇帝、慈禧太后都多有微词。恃酒壮胆，狂态毕露，言论颇为激切，他说：科举有哪样好？八股文有哪样好？直折腾得士子头脑僵化，一个个迂腐不堪，全无救世之勇和济世之智。当此河决鱼烂之时，朝廷若不改弦易辙，铲除科举积弊，创办新式学堂，鼓励出洋留学，弱国愚民将如何与世界列强争雄斗胜？正所谓祸从口出，尽管刘师培的话句句在理，但他的高论却完全不合时宜，传来传去，就鼻歪眼斜了，官府将他视为危险分子，要拿他治罪。刘师培在扬州难以立足，索性逃到上海，去开辟另一片新天地。

在上海，刘师培与章太炎、蔡元培、谢无量等人一起发表反清言论，积极参与《俄事警闻》、《警钟日报》和《国粹学报》的编辑工作，为《中国白话报》撰稿，用通俗易懂的浅白文言,向民众宣传民族革命主张。这一期间,他写作了《中国民族志》《攘书》《悲佃篇》《中国民约精义》和《匪风集》。他非常反感所谓满汉一体的高论,在《辨满人非中国臣民》一文中,他详细考证满人的族源,力证满族是外夷,与汉族"不独非同种之人,亦且非同国之人"。非我族类,其心必异,满族统治者卖国残民,无所不为,就并不奇怪了。

刘师培先后加入中国教育学会、光复会、同盟会、国学保存会等进步组织。尤其令人刮目相看的是,他迅速成为一名激进的革命党人,参与策划了行刺反动官僚王之春的行动,将好友张继所赠手枪借给义士万福华。倘若照这样的路数发展下去,刘师培也未必不能由文弱书生蜕变为钢铁战士,但他走错了一步关键棋,那就是与何震结婚。何震具有极端的女权思想,她发表《女子复仇论》,鼓吹"男女革命",主张男女一切平等,称天下男子都是女子的大敌:"今男子之于女子也,既无一而非虐;则女子之于男子也,亦无一而非仇。"她叫嚣要"革尽天下压制妇女之男子",同时"革尽天下甘受压制之女子",对女子"甘事多妻之夫者"要"共起而诛之",对"未婚之女嫁再婚之男者"也要"共起而诛之"。这种"女子复仇论"是女权主义的变态品种,一旦实行,必定爆发更为惨烈的性别大战。何震的控制欲和虚荣心特别强,她参加革命活动，只不过是寻求刺激，他们夫妇二人被上海革命党人比作普鲁东和索菲亚，乃是牵强附会。

1905年，刘师培在《警钟日报》上公开辱骂德国人，遭到租界巡捕房的通缉。他化名金少甫，逃往嘉兴。

1906年春，刘师培应陈独秀之邀，奔赴安徽芜湖，任教于安徽公学、皖江中学，他们秘密组织"岳王会"，宣传革命，发展党人，培养专门从事暗杀的人才。刘师培改名光汉，自署为"激烈派第一人"，认为"中国的事情，没有一桩不该破坏的"，他在《中国白话报》上发表《论激烈的好处》，文中说，中国人之所以瞻前顾后，一事无成，是由于有恐怖心、挂碍心、依恋心时常作祟，要扭转这种现状，解除这种束缚，改变这种心理习惯，非出以激烈的手段不可。中国的事情，如家庭上的压抑、政体上的专制、礼俗上的拘束，没有一桩不该破坏，也只有破坏才能更新变好。唯有激烈的手段可以唤醒和鼓动中国的民众，使他们不再安于现状，苟且偷生。一言以蔽之，中国的衰亡都误在"平和"二字，要治本就得激烈。刘师培的这种说法，在当时或许对革命者有其鼓劲加油的积极作用，但显得狂热而幼稚，摆明了，他是那种只喜欢烧荒，不愿意垦殖的愤青。

20世纪初，留学欧美的中国志士强调科学救国和教育救国，留学日本的中国志士则坚持民族革命，矢志推翻腐朽的满清王朝。在当时一大批造反的秀才中，刘师培去日本较晚，1907年春，他应章太炎的盛情邀请，东渡扶桑，结识孙中山、黄兴、陶成章等革命领袖，留在同盟会东京本部工作，与章太炎等人组织"亚洲和亲会"，发表一些火药味十足的文章，其排满反清的激烈程度丝毫也不逊色于章太炎。1907年6月8日，刘师培的文章《辨满人非中国之臣民》在《民报》第十四期发表，章太炎的读后感是："申叔此作，虽康圣人亦不敢著一词，况梁卓如、徐佛苏辈乎？"章太炎是清末民初著名的古文经学大师，他一向自视甚高，目无余子，这回识获巨才伟器的喜悦却溢于言表。

然而，刘师培本质上是一个喜好标新立异自炫高明的人，是一个犹疑多变患得患失的人。他受无政府主义和社会主义思潮的影响，在同盟会之外另立旗帜，发起成立"女子复权会"和"社会主义讲习会"，创办《天义报》和《衡报》，主张废除等级制度，实现人权平等。他疾视帝国主义为"现今世界之蟊贼"，扬言要"杀尽资本家"，攻击"富强"二字是"公理之大敌"，是"大盗之术"，提倡"非军备主义"，主张"废兵"，要求解散军队。他作《戒学政法歌》，将"国家"划为第一邪说，将"团体"划为第二邪说，将"我"推崇为万事万物的主体，将"个性"放在极重要的位置："人类进化无止境，当使人人呈个性。人非团体不能生，毕竟野蛮风未尽。"他认为人类最根本的三大权是平等权、独立权和自由权，若为了人类的平等，可以限制个人的自由，独立和个性也就很难成立了。刘师培的思想实际上是一团乱麻，有时幼稚不经，有时滑稽不伦，比如他的"均力"论，要人们按年龄轮换工种，一人而兼众艺，吃一样的饭，穿一样的衣，住一样的房，这样强求一律，真不知人之生趣何有？刘师培发表《论水灾为实行共产主义之机会》一文，奉告饥民杀官、杀富户，做成共产无政府，简直视流血如儿戏。他创立"农民疾苦调查会"，征集民谣民谚，发表多省的民生疾苦调查记，号召实行"农民革命"。他组织人手翻译《共产党宣言》和克鲁鲍特金的《面包掠夺》《总同盟罢工》等纲领性文件，他为《共产党宣言》中译本作序，盛赞阶级斗争学说为"千古不磨之论"，马克思与达尔文双双造福人类"其功不殊"，俨然是一位无政府主义、进化论和社会主义的多重信仰者。

滑向背叛之途

在"城头变幻大王旗"的乱世，狂热书生突然改变信仰，是完全可以理解，也是完全应该谅解的事情，而背叛革命，出卖朋友，踩着他人的白骨以求飞升，则另当别论，二者的性质天差地别。刘师培投靠两江总督端方，公开背叛革命，这不啻是白璧之玷（diàn，玉面上的斑点），而是其一生最大的污点，倾江河之水也无法洗刷。经此蜕变，刘师培在革命党人眼中已成无耻之尤的败类，遭到唾弃。若非蔡元培、陈独秀、章太炎等昔日友人保持宽容态度，刘师培的余生将更为凄惶。

章太炎不喜欢孙中山，这是公开的秘密，刘师培视章太炎为良师益友，受到影响，自然爱其所爱，憎其所憎。他对孙中山的评价极低："盖孙文本不学之徒，贪淫性成，不知道德为何物。"可见他对孙中山反感至极。

1907年，日本政府接到清政府的外交照会，总得做做样子吧，便依循惯例，将革命者孙中山驱逐出境。但日本政府觉得这样对待孙中山，颇怀歉疚心理，便由外务省赠予程仪（路费）五千元，此外，东京股票商铃木久五郎馈赠一万元。孙中山正为募集革命经费暗自犯愁，此项赠款来得恰是时候，他便悉数笑纳，并未拒绝。此事同盟会同仁一无所知，多少有点暗箱操作之嫌，因而引起风潮。章太炎当时正主编同盟会机关报《民报》，经费左支右绌，听说孙中山收取大笔黑金，拨给《民报》的补贴却只有区区二千元，顿时气不打一处来。他在总编室取下孙中山的肖像，咣啷一声掷于地上，坚决主张罢免孙中山的总理之职，由黄兴取代。陶成章更不是一盏省油的灯，他起草《七省同盟会意见书》，历数孙中山十九条罪状，将排孙倒孙情绪煽至沸点。章太炎在集会上说：

"孙文自欧洲来到东京，囊空如洗，一文莫名，所有日常生活开支，概由同盟会同志捐献供应。而今孙文得自日本当局馈赠一万五千元，以自动离境为交换条件，事前事后，本会毫不知情。孙文如此见利忘义，不自珍惜志节，不愤发艰苦卓绝情操，接受了污染渗透的赠与，使本会大公无私的号召力，蒙受毁损的阴影，殊感莫大遗恨！为挽救本会开创之士气与信赖，拟请孙文引咎辞卸本会总理职。"

黄兴此时正推行"革命者回归祖国"的方案，百事猬集（像刺猬的硬刺那样丛聚），颇感力不从心，眼下又添"倒孙风潮"，更觉形势咄咄逼人。他在关键时刻头脑冷静，顾全大局，坚决维护孙中山的领袖地位，表示自己绝对不当总理，并且对章太炎、陶成章多方开解道：

"如今革命风潮笼罩全国，清廷暴虐，变本加厉，万事莫如伐罪急，建国急，两公如求革命成功，万望对孙总理释除误会而信任之。"

他还洞察幽微,分析了日本政府的用意,说日本人见中国同盟会发展壮大,如受当头棒喝,日本政府希望病入膏肓的清王朝继续腐败,好从中受益,不愿革命者取得政权。日本这次驱逐孙中山出境,一反常态地馈赠程仪,完全违反外交惯例,是否别有居心,是否包藏祸心,以糖衣毒药为饵,欲引发同盟会的内讧,使之自行瓦解?诸位当有所警惕。黄兴好说歹说,总算平息了众人的愤怒,化解了各方的矛盾。

刘师培与日本浪人北辉次郎、和田三郎结为至交,介绍他们加入同盟会,还想让他们成为干事,遭到同盟会庶务干事刘揆一的抵制。在"倒孙风潮"期间,这两个日本激进派分子扮演着极不光彩的角色,他们阴谋刺杀孙中山,幸而未能得逞。刘师培迁怒于拥护孙中山、反对集会表决的同盟会总干事刘揆一,于是唆使和田三郎和北辉次郎在僻静的小巷对刘揆一拳脚相加,要不是警察闻声赶来制止,恐怕会出人命案。

"倒孙风潮"终告平息,同盟会的内讧却造成了无法弥合的裂痕,两位革命党的泰山北斗孙中山与章太炎由同仇敌忾的战友一变而为不共戴天的冤家对头。尔后两三年间,章太炎纠缠不休,撰文多番攻击孙中山,诋毁孙中山是"背本忘初"的"小人",孙中山素具雅量,也受不住他这般不依不饶的缠斗,终于大动肝火,痛斥章太炎是"丧心病狂"的"陋儒"。双方谩骂之际,已失去必要的理智,刘师培对孙中山的反感更激化为鄙夷和仇恨。刘师培的心理变化,用陶成章的话来概括,则是:"因见孙文受外贿,心轻之。寻又以与会中办事争权,大恨党人。"刘师培本人将自己脱离革命阵营的缘由归结为"失望"二字,他说:"东渡以后,察其隐情,遂大悟往日革命之非。"所谓"隐情"即指革命党人在公生活与私生活两方面的缺失。

革命追求的是功利,而功利的死敌便是书生气,难怪说"秀才造反,十年不成",孙中山收取"外贿",派上军事用场,是出于功利的考虑,可说是为达目的,不计手段,而章太炎、刘师培以书生气十足的道德观去揣度对方的心思,自然是风马牛不相及,出现谬以千里的偏差。当年,同盟会领导成员动若参商,彼此之间缺乏必要的沟通,因此龃龉不断,误会多多。价值观念的迥然不同最终使他们自成壁垒,走向了对立面,这是没有办法的事情。章太炎、刘师培都缺乏通观全局的眼光和包容万有的胸怀,他们斤斤计较于某些细节和"大节",最终对孙中山,对革命党,产生厌憎情绪。他们是狂热书生,不同于纯粹的革命家,他们可以退回书斋,从事学术研究,脱离革命阵营并不意味着一事无成,这是他们心理上最后一道防线。章太炎心灰意冷，吵着嚷着要遁入空门，去印度学佛，刘师培悲观失望，受妻子何震的鼓捣，受姻亲汪公权的撺掇，完全倒向清廷的怀抱，甘当叛徒，以谋取荣华富贵。

二叔交恶与一线生机

刘师培与章太炎的交恶客观上加快了他在思想上的转向。1908年2月，章太炎与刘师培夫妇合租一处房屋，同住的还有何震的表弟汪公权。何震是有名的交际花，刘师培不善应酬，于是何震常与表弟出双入对，章太炎察觉二人关系暧昧，便私底下告诉刘师培，要他多留一点神，别让汪公权与何震弄出丑闻来，影响自己的清誉。刘师培的母亲非但不信，反过来大骂章太炎不安好心，挑拨离间。1908年5月24日，刘师培窃得章太炎的一枚私章，伪造《炳麟启事》，刊登在上海的《神州日报》上，其词为："世风卑靡，营利竞巧，立宪革命，两难成就。遗弃世事，不撄尘网，固夙志所存也。近有假鄙名登报或结会者，均是子虚。嗣后闭门却扫，研精释典，不日即延请高僧剃度，超出凡尘，无论新故诸友，如以此事见问者，概行谢绝。特此昭告，并希谅察。"大意是章太炎对革命已失去信心，打算从此不理世事，专研佛学。章太炎得悉此事后非常气愤，他在同年6月10日的《民报》上刊登《特别广告》，斥责《神州日报》捏造事实，诟骂刘氏夫妇是清廷密探。他们的关系彻底闹僵，友情随之破裂。不久，便发生了"毒茶案"，有人在茶中下毒，谋害章太炎。事情败露，调查结果出来，是汪公权下的黑手，舆论一片哗然，刘师培夫妇陷入四面楚歌的尴尬处境。在此期间，日本政府应清政府的要求，查禁《民报》等报刊，《天义报》也未能幸免。刘师培回国后，对章太炎怨恨难消，他把章太炎要他与两江总督端方联系筹款以作远赴印度游资的五封书信影印寄给同盟会领导人黄兴，揭发章太炎的"阴私"，说什么章氏曾答应两江总督端方，只要拨给二万元，便可舍弃革命宣传，去印度出家。刘师培在背后捅上这样一刀，以章太炎的火烈性子，昔日的友情自然是扫地以尽。刘师培此举加深并加速了同盟会内部的分化，可谓亲者痛而仇者快，他在革命阵营中彻底失去了立足之地。

刘师培"外恨党人，内惧艳妻"，遂铤而走险。1907年12月，由何震出面联络，他作《上端方书》，表示今后"欲以弭乱为己任，稍为朝廷效力，兼以酬明公之恩"，并献"弭乱之策"十条，甘愿变节，充当清廷暗探，踏上了背叛革命的不归路。1909年，刘师培夫妇在上海诱捕革命党人陶成章未遂，又将浙江起义的机密出卖给端方，致使革命机关天宝栈遭到破坏，金华龙华会魁首张恭被捕入狱。浙江志士王金发忍无可忍，决定锄奸，他挟枪闯入刘师培的寓所，刘氏跪地求饶，答应离开上海，保证竭力营救张恭，这才侥幸捡回一条性命。1909年夏，王金发在上海击毙了汪公权。受此惊吓之后，刘师培不知悛悔，反而公开入幕，为端方考订金石，兼任两江师范学堂教习。又拜徐绍桢为师，研究天文历法。端方调任直隶总督，刘师培紧紧追随，担任直隶督辕文案、学部谘议官等职。1911年，端方前往四川，出任川汉铁路大臣，派兵残酷镇压保路运动，在资州（今四川资中）被哗变的新军击杀。刘师培陷入樊笼，遂成惊弓之鸟。

此时，章太炎第一个站出来，尽弃往日嫌隙，顾念刘师培学问精湛，人才难得，作《宣言》，为他争取一线生机，其大旨为："昔人曾云明成祖，'城下之日，弗杀方孝孺，杀之，读书种子绝矣'。……今者文化凌迟，宿学凋丧，一二通博之材如刘光汉辈，虽负小疵，不应深论。若拘执党见，思复前仇，杀一人无益于中国，而文学自此扫地，使禹域沦为夷裔者，谁之责耶？"这篇《宣言》硬是将刘师培从鬼门关活生生地又拉了回来。

及至民国新肇,刘师培罪不容诛,陈独秀(时任安徽都督府秘书长)等老革命党人不念旧恶,多方营救,希望政府网开一面,让刘师培戴罪立功,以期对文化事业多有裨补。为此,陈独秀冒党人之大不韪,上书大总统,请求特赦刘光汉(师培):

> 大总统钧鉴:仪征刘光汉累世传经。髫年岐嶷,热血喷溢,鼓吹文明,早从事于爱国学校、《警钟日报》《民报》等处,青年学子读其所著书报,多为感动。今共和事业得以不日观成者,光汉未始无尺寸功,特惜神经过敏,毅力不坚,被诱佥任,坠节末路,今闻留系资州,行将议罚,论其终始,实乖大法,衡其功罪,或可相偿,可否恳请赐予矜全,曲为宽宥,当玄黄再造之日,延读书种子之传,俾光汉得以余生著书赎罪。……谨此布闻,伏待后命。

陈独秀历数故友功绩,以"神经过敏"为开脱,以"延读书种子之传"为保全,刘师培果然得到宽恕,获释入川,欣然接受名士谢无量之邀,出任四川国学院副院长,讲授《左传》《说文解字》,并与廖季平、吴虞等人发起成立"四川国学会"。

1913年6月,刘师培夫妇前往山西,担任友人南桂馨的家庭教师。后由南氏介绍,刘师培投靠阎锡山,任高等顾问。阎锡山赏识刘师培的学问,将他推荐给袁世凯。身为"洪宪六君子"之一,刘师培鼓吹帝制,不遗余力,作《君政复古论》、《联邦驳议》等"雄文",辞采渊懿,出尽风头,但他此举也被时人讥为仿效西汉大儒扬雄歌颂王莽的"剧秦美新"。

袁世凯待刘师培不薄,给他一个参政的香饽饽,虚名、实利、威风都有。据刘成禺《洪宪纪事诗本事簿注》所载:"当刘师培为参政时,所居胡同,楼馆壮丽,军士数十人握枪环守之。师培每归,车抵胡同口,军士举枪呼'刘参政归'。自胡同口至大门,声相接。妇何震乃凭栏逆之,日以为常。濮一存伯欣长安打油诗云:'门前灯火白如霜,散会归来便举枪。赫奕庭阶今圣上,凄凉池馆旧端方。'"刘师培是个典型的倒霉蛋,靠墙(端方)墙倒,靠山(袁世凯)山崩,好光景总是不够长,连寿命也很短。

刘师培对政治一窍不通,胸无一策,性格怯懦,倒是他的老婆何震诡计多端。她认为筹安会的这些书生太迂腐了,为什么要走王莽路线?何不学学赵匡胤的部下,选在国庆日,趁袁世凯阅兵时,一拥而上,也来个黄袍加身,让他非称帝不可，弄成既定事实，岂不比什么劝进更痛快更有实效吗？何震的主意之所以被当作妇人之见弃之未用，并非袁世凯不敢效仿宋太祖，是因为他顾忌列强干预。

袁世凯曾赌咒发誓他不想当皇帝，这个谎言却不攻自破，长子袁克定劝他上位固然有之，"洪宪六君子"为他奔走呼吁固然有之，但"风动，旗动，终归还是心动"，他要是真不想做皇帝，谁能强摁牛头喝脏水？在洪宪帝制发动的连续剧中，刘师培直接帮忙之处并不多，有一处地方他却用上了自己的"学问"，不可不提。当时，袁世凯的登基大典欲行古代揖让之礼，以此掩耳盗铃，表示他不是篡夺大位的乱臣贼子。刘师培拿出了一个可行性方案来，就像滑稽剧的脚本：

> 第一次揖让对方，宜还政宣统。大总统宜还帝权于移交之人。但清室既废，天下决不谓然，是亦欲取姑与也。第二次揖让对方，宜择延恩侯朱煜勋，提出朱明后人，既合排满宗旨，又表大公无私态度。实则朱某何人，只供笑柄，决不能成为事实也。第三次揖让对方，则为衍圣公孔令贻。清室、朱明，为前代之传统，衍圣公为中国数千年之传统，远引罗马教皇为比例，近述政教合一之宗旨，大总统高瞻远瞩，真泱泱大风也。此种揖让，

事近游戏，姑备一格耳。三揖三让礼成，大总统再受国民推戴书，御帝位，世无间言矣。

由刘师培设计的三揖三让的把戏毫无诚意，几近于耍猴，颇为搞笑。袁世凯要主演猴戏，又怕被当众耍弄，丢人现眼，于是他的马仔们暗中做下手脚，曲阜就集中发生几十起控案，被控的对象居然全是孔令贻，衍圣公一身麻烦，三揖三让短缺了关键的一个环节，废帝溥仪和前延恩侯朱煜勋也随之失去了活动道具的作用。刘师便顺水推舟，修改剧本，最终袁世凯采取让而不揖的策略，接受"国民推戴书"，登基成礼。

在洪宪王朝的独幕丑剧中，刘师培被册封为上大夫，享受过比肥皂泡更短暂的荣华富贵。洪宪王朝土崩瓦解后，刘师培原本在北京政府所拟的通缉名单之内，由于李经羲作保，他和严复被剔出名单。刘师培担惊受怕，在北京待不住，只好蛰居天津租界，贫病交加，惶惶不可终日。

一介通儒"笑熬糨糊"

不管生活多拮据多窘迫，刘师培都不改专心治学的习惯。陶菊隐的《筹安会"六君子"传》提到刘师培的疯与怪，举了一个实例为证:"他住在北京白庙胡同大同公寓。一天,教育部旧同僚易克臬来访,见他一边看书,一边咬馒头。他面前摆着一碟酱油,却因专心看书,把馒头错蘸在墨盒里,送到嘴里去吃,把嘴和脸都涂得漆黑,看上去像一个活鬼。"那情形着实会吓人一大跳,受惊之后,又会忍俊不禁。

章太炎评价刘师培治学最有趣,他说:"常人患不读书,而申叔患读书过多,记忆太繁,而悟性反少。诚欲著书,宜三二载束书不观,少忘之而后执笔,庶可增其悟力云。"

1917年,蔡元培执掌北京大学,实行"兼容并包"、"学术自由"的办学方针,"古今中外"各得其所,他力排众议,聘请刘师培为中国文学门教授,讲授中古文学史、《左传》、《三礼》、《尚书》和训诂学。初入北大,刘师培才三十三岁,病怏怏的了无生气,文科学长陈独秀是刘师培的顶头上司,陈内心虽然鄙薄刘师培的为人,但对他的学问相当认可和看重,所以关照多多,刮风下雨照例准假。刘师培有手颤的毛病,书法拙劣,刘禺生在《世载堂杂忆》中对此有形象的描写:"字如花蚊脚,忽断忽续,丑细不成书。"周作人在回忆文章中也说刘师培的字"写得实在可怕,几乎像小孩子描红相似,而且不讲笔顺。……只看方便有可以连写之处,就一直连起来,所以简直不成字样"。在讲堂上,他从来都是只讲述不板书。有一次,陈独秀前往听课,刘师培仍是一如既往,一堂课下来,只在黑板上写了一个"日"字,圆圈中间加一点。对此,陈独秀一笑置之。当时,适值冯友兰在北大就读,他去听过刘师培的课,印象蛮好:"他的水平确实高,像个老教授的样子,虽然他当时还是中年。他上课既不带书,也不带卡片,随便谈起来,就头头是道。援引资料都是随口背诵,当时学生都很佩服。"

张中行在《红楼点滴》之中写到刘师培,有这样一段传神的文字:"我到北京大学是30年代初,其时古文经学家刘师培和今文经学家崔适已经下世十年左右。听老字号的人说,他们二位的校内住所恰好对门,自然要朝夕相见,每次见面都是恭敬客气,互称某先生,同时伴以一鞠躬;可是上课之后就完全变了样,总要攻击对方荒谬,毫不留情。……可见都是忠于自己的所信,当仁不让的。"在北大,胡适与钱穆唱反调,黄侃与钱玄同唱对台戏,都是很好的剧目,当时的学风就贵在争鸣,不相高下。

从1917年开始,陈独秀以北大为营盘,以《新青年》为阵地,扛起新文化运动的大旗,力倡科学和民主,为赛先生和德先生杀开一条血路。刘师培再次逆时代潮流而动,跳将出来与陈独秀和胡适对垒,他与黄侃、朱希祖、马叙伦、梁漱溟等成立"国故月刊社",作为国粹派的主将,欲与新文化运动相抗衡。胡适提倡白话文学,刘师培嗤之以鼻。此时刘师培已经病入膏肓,深感力不从心,算是垂死一搏,赢得的却是螳臂当车的讥笑。

1918年5月28日,北大进德会成立,教员入会者七十余人,刘师培与蔡元培、陈独秀等五人当选为评议员。以德而论,刘师培上不了台面,由此可见北大同仁对他宽容有加。

1919年3月,林纾攻评陈独秀等"新派"人物,以"旧派"刘师培等人为声援,刘氏则又胆小变卦,发表公开声明,否认自己与林纾为伍,与"新派"为敌:"鄙人虽主大学讲席,然抱疾岁余,闭关谢客,于敝校教员素鲜接洽,安有结合之事?又《国故》月刊由文科学员发起,虽以保存国粹为宗旨,亦非与《新潮》诸杂志互相争辩也。"刘氏的观念似乎是新旧文化各美其美,并行不悖。他发表声明,其实是一种策略,为的是不变成"新派"的箭垛,以免臭烘烘的旧账被再度翻出清算。

刘师培曾评论汉代学问家扬雄"虽非明圣道,亦复推通儒",意思是"扬雄虽然不明白圣人的大道,也还是算得上学识渊博的儒者"。他自己呢?学问优而人品劣,通儒之名则无人否认,鲁迅对他的学问也是很钦佩的。

1919年11月20日，刘师培因肺结核病逝于北京，年仅三十六岁。咽气前，他派人把黄侃叫至病榻前，吃力地嘱托道："我一生应当论学而不问政，只因早年一念之差，误了先人清德，而今悔之已晚。"说罢，清泪涟涟。他希望黄侃能继承他的学术，并发扬光大，传诸后世。

据章玉政的《狂人刘文典》所记，刘师培去世后，厝（cuò，停放）棺于京城，刘文典念及旧谊，慨然捐资，亲自将他的灵柩送回江苏仪征，代营葬事。仗义的朋友不必多，也不可无啊！

刘师培与何震生有一女，此前已不幸夭折，膝下荒凉，身后极为萧条。何震受到刺激，精神失常，不久即发狂而死。陈独秀在丧礼上致悼词，总结刘师培一生功过，在场师生无不为之唏嘘。陈独秀最后引用康有为的诗句——"曲径危桥都历遍，出来依旧一吟身"——作为结束，表达了无尽的惋惜之情。

民国之后，革命既成，往事俱为陈迹，当年听闻刘氏变节而颇致诋毁的党人并未秋后算账，章太炎表现出君子休休有容的大度，仍旧称赞刘师培"学问渊深，通知今古"，是"国学精湛之士"，欲"保持绝学"，则须爱惜其人。刘师培饮誉杏坛，在学界大有身价，昔日环境恶劣，他潦倒不堪，为宵小所误,乃恬然下水,一失足成千古恨,被人视作"扬雄、华歆之流亚",徒然令人慨叹:"卿本佳人,奈何作贼!"

蔡元培在致吴稚晖的信中分析过刘师培中途颠踬(diān zhì,跌倒)堕落的原因,称刘氏"确是老实,确是书呆",一身兼具三种性质——好胜、多疑、好用权术,三者皆为"老实人之累"。刘氏长期患有"内热症",急功近利,不能忘情官爵,如此"老实的书呆子"就"未免好用其所短",最终依从劣根性,以失节为收场。饶有意味的是,蔡元培先生宅心仁厚,甚至推测刘师培有可能想做"徐锡麟第二",徐锡麟为谋刺安徽巡抚恩铭,不惜与之结为"刎颈之交",以取得其信任。刘师培会不会也有此初衷,隐而未发?蔡元培作这样的推测,显然是高估了刘师培,尽管刘师培改名刘光汉,但他身上全然没有"光汉子"徐锡麟杀身成仁、舍生取义的血性,他只是孱弱书生,与心雄万夫、视死如归的烈士毫不沾边。

杨向奎在《清儒学案新编》中认为,刘氏中途变节,由排满反清而投靠端方,乃是由于文人之间的意气之争,他与章太炎发生龃龉,"大半来自学术",刘氏"少年气盛,在学术上不肯让人,而太炎自视甚高,目无余子已久,两人相遇,不肯相下,宵小于其间易于为功,于是龃龉生,而申叔走",

这种说法失之简单，值得商榷。章太炎固然自视甚高，但并非目无余子，他在政治方面极推重宋教仁、陶成章，在革命方面，他极推重黄兴，在学术方面他也极推重刘师培、黄侃。他一度反感刘师培，反感的是刘某受妻子何震挟持，做出一些亲者痛、仇者快的事情，愤恨刘某缺少骨气，而不是在学术地位上非要与刘师培争个高下，分出老大老二不可。刘师培心胸褊狭，或许嫉妒章太炎的名头在自己之上，至于章太炎，他的自信已足可保证他不再计较别人的品评，至于说有人挑拨离间，那人也只可能是何震、汪公权，发生效用的也只可能是刘师培。章刘交恶，以及后来重修旧好，都可看出章太炎的光明磊落，他指责刘师培投逆并非信口雌黄，他对刘师培的护惜也可谓竭尽所能。

中医有句口诀："通则不痛，痛则不通。"有人称赞刘师培是通儒，但他的人生总是处于一种阵痛的状态，这就很难说他的内心十分通透了。刘师培半生"在风雨飘摇的乱世中笑熬糨糊"，这锅"糨糊"足够他消化一万年。乱世如狂流，人人好变，人人善变，不少人都在政治追求上反复无常，区别只在于有没有高标，破不破底线。刘师培善变，总是在污泥浊水中辗转其身，最终变得委琐，变得龌龊，道德学术双双受损，遭到世人的诟病，关键就在他一而再再而三地甘于堕落，根本没想过底线就是高压线，不可突破。越堕落越不快乐，这是命运对他的戏弄。梁启超同样善变，由维新保皇转向倒袁护国，变得纯粹，变得精彩，道德学术相映生辉，为世人所推崇，关键就在于他不仅守住了底线，而且还树有高标。

周作人
隐士与叛徒

在乱世永不消停的苦雨时节饮苦茶,做个万人如海一身藏的隐士,这是周作人向往的理想境界。然而,苛刻的时代不容许他善始善终。

在中国现代作家群中,周作人(1885—1967)无疑是公认的散文大师,他以欠激烈的笔调写作欠激烈的文章,辅之以超常的学养和清雅的趣味,往往给人以恬淡高明的感觉。他提倡"人的文学",乐意为妇女和儿童说话,同情因和平请愿而不幸死难的学生。至于水乡的乌篷船、江南的野菜、北京的茶食、希腊的哲人、苍蝇的传说和平安的接吻,他都能涉笔成趣,触手成春。

身为作家,他思想深刻。身为学者,他腹笥(sì,盛饭或盛衣服的方形竹器)丰赡(shàn,丰富,充足)。僻居于北平八道湾十一号宅院里,在乱世久不消停的苦雨时节闲饮苦茶,做个万人如海一身藏的隐士,自由自在地读书会友,这是周作人向往的理想境界。然而,苛刻的时代不容许他善始善终。好端端的隐士一不小心弄了个"汉奸"标签贴在额头上,由身安名泰到身败名裂,被人唾其面而批其颊,于周作人而言,这真是生生世世无法洗刷的奇耻大辱,一往而不复的蜕变过程比他熟稔的任何一幕古希腊悲剧更加不折不扣。审决者主张疑罪从有,向来就不喜欢留下商量的余地,他们只管猛拍儿记惊堂木,抛出一个不容申辩的考题:"卿本佳人,奈何作贼?"这八个字原本是专为汪精卫这等好身段好功架的角色量身订制的,用于周作人是否同样合乎卯榫(mǎo sǔn,卯眼和榫头)?汪精卫素以"我不入地狱,谁入地狱"的炎炎大话自欺欺世,周作人也曾有维护北方教育舍我其谁的法庭辩解,表面看去,他们似乎是气味相投的同路人,但彼此合作时并未言欢,"蜜月期"短之又短。不少高校学者和职业评论家喜欢枕着"公论"呼呼酣睡,这个懒他们可真是偷定了,而且偷得心安理得。

近年来,铁案不铁、掘开史墓启棺重论的事情屡有发生,此案的疑点也逐渐水落石出,新旧史料值得有心人去仔细研寻和甄别。"文化汉奸"这个定性对周作人算不算过于严厉?竟弄成仁者见"智"、智者见"仁"的别扭局面,趋于公允的结论恐怕永难从官方的判断和民间的认识里轻松娩出。

"作人极冷"

20世纪30年代初,温源宁执教北大西语系,与北平名流旦夕过从，多有交往，他的英文短传结集《不够知己》颇能活画出众位传主的样貌、行为和性格。《周作人先生》就不乏得体传神的描绘："周先生总是温文尔雅，静若处子，说话有如窃窃私语，走路几乎像老太太；然而，他有那么一种超脱之态，（是不够亲切呢，还是暗中藐视呢，很难说。）人们在他面前，便难以无拘无束，他冷眼旁观，也许不免窃笑。他清谈对客，文质彬彬，正是这种文质彬彬，叫人无法对他亲亲热热。他呵呵一笑（或者不如说，他微笑得出了声）的时候，他那形如枪弹的头一上一下地摆动起来，这就是表示着，你可以跟他亲近，却不要太随随便便。当然，谁也不能对他毫不客气。刚跟他会面的时候，大家总是尊敬他，这尊敬，若是来自敌手，就会转为害怕，若是来自朋友，就会转为亲近，亲近得如兄如弟，互有好感，不过绝不会到热诚相与的地步。……他大有铁似的毅力。他那紧闭的嘴唇，加上浓密的胡子，便是坚决之貌。他洁身自好，任何纠葛，他都不愿插足，然而，一旦插足，那个拦阻他的人就倒霉了！他打击敌手，又快又稳，再加上又准又狠，打一下就满够了。"最绝的是，温源宁联想到周作人做过海军学院的学员，因此认定"周先生确实像一只装甲军舰，因为他有钢铁的风姿"。但不同的人对周作人的印象会有不小的出入。在谢兴尧看来，周作人"一切举动斯文有礼,说话嚅嚅,如妇人女子,柔巽有余,刚毅不足"。依据周作人长期惧内的表现来推断,温源宁称之为"装甲军舰",恐怕不够精准,夸张的成分偏大了些。

周作人的朋友和弟子的回忆文章中指出,周作人讲一口乡味很足的绍兴官话,声音细弱,勉力去听也难听清楚,讲课时他几乎不与学生对视。最传神的描写源于某促狭鬼笔下,将他编派为英国诗魔拜伦笔下的波桑教授:"他讲起希腊文来,活像个斯巴达的醉鬼,吞吞吐吐,且说且噎。"

林语堂与鲁迅、周作人皆有交情,他的《记周氏兄弟》率先提出了"热"和"冷"的鲜明对比,半点不含糊:"周氏兄弟,趋两极端。鲁迅极热,作人极冷。两人都有天才,而冷不如热。……冷热以感情言也。两人都是绍兴师爷,都是深懂世故。鲁迅太深世故了,所以为领袖欲所害。作人太冷,所以甘当汉奸。"张中行在《再谈苦雨斋》一文中对周氏兄弟的评价也沿用了林氏"热"和"冷"的尺度:"关于世道,兄是用热眼看,因而很快转为义愤;弟是用冷眼看,因而不免有不过尔尔甚至易地皆然的泄气感,想热而热不起来。"

据人民文学出版社鲁迅著作编辑室主任王士菁回忆,周作人从容淡定,乃是秉性如此,即使他遇到激动人心、触及灵魂的大题目,"仍若无其事,甚至有点麻木不仁"。他谈到掩护李大钊的子女、保护李大钊的文稿,如话家常,"好像在叙述和自己并无多大关系的往事";他被问及"落水"的经过,"也只是轻轻地说了一句'糟了',并无惋惜,也并无自责,好像谈的是别人的事情一样"。

书法家佟韦的回忆可为佐证,周作人谈及那段出任伪职的不堪经历,既无自责,也无忏悔,只是用平淡的语气说"那也是不得已的事",或"我和一些老朋友,也需要生活"。其意不在为自己开脱罪责,而是很冷淡地看待过往的烟云。晚年,他孤寒如僧侣,习惯过一种枯寂的生活,一方面是时势使然,另一方面也是性格使然。

周氏兄弟性格的形成与周家的一场大变故密不可分。光绪十九年(1893年),为了给翌岁慈禧太后六旬万寿预热,全国举行癸巳恩科乡试,周氏兄弟的祖父周福清受绍兴几位乡绅之托,向浙江副主考周锡恩贿买关节,因仆人粗心大意,将信件和银票误投到正主考殷如璋的船上而东窗事发。依照大清律例,科场舞弊属于重罪之列。尽管万寿年刑部循例特赦死囚,各地不兴大狱,周福清还是被判为"斩监候",即死缓徒刑。周家为了捞救一家之主的性命,只得倾尽囊橐(náng tuó,口袋),花费大笔银钱上下打点,四处求人,遂至于家道中落，周氏兄弟的父亲周用吉忧病交煎，不久就撒手归西了。遭此悲惨家变，周氏兄弟过了一段寄人篱下、横遭白眼的生活，因此身心大受刺激，造成了鲁迅偏激负气、周作人孤傲冷峭的性格。

周氏兄弟的才华和成就与苏氏兄弟（苏轼和苏辙）有得一拼，苏氏兄弟的性格也是大的偏热小的偏冷。若论手足情深，急难相扶，二周与二苏比较，其差距不可以道里计。周氏兄弟因家事而反目，历来挺兄者多，挺弟者少。周作人有季常惧内之疾，夫人羽太信子将父母弟妹悉数接到北平，东洋妻党在八道湾十一号作威作福，势焰熏天。鲁迅"涓滴归公"，被盘剥一空而遭到驱除（鲁迅一度以晏之敖为笔名，即用拆字法暗示他被家里的日本女人放逐），固然是题中应有之义，周作人也并不好过，他饱受东洋小舅子羽太重九的欺压。羽太信子一犯晕厥症，周作人就乖乖地屈服，他曾经说："要天天创造新生活，则只好权其轻重，牺牲与长兄友好，换取家庭安静。"这句话后面也许有什么不可公告的潜台词，令人煞费猜疑，千家驹即曾捕风捉影，撰文推断鲁迅对羽太信子充满性幻想，是因为他们有过隐婚关系，此说太过离谱，有点像是天方夜谭。后来，周作人晚节不终，落水投敌，也有人顺手取材，毫不费力地指出：从家变即可看清眉目，东洋妻党尚且可以轻轻松松地制服周作人，使之兄弟失和，萁豆相煎，日本军国主义势力诱使他背叛父母之邦，他又怎能抖擞余勇抗拒得了？这个结论未免失之草率和简单。

1933年，鲁迅赋诗《题三义塔》，其中有句再次向弟弟发出求和的讯号，他在其中写道："度尽劫波兄弟在，相逢一笑泯恩仇。"但周作人并不接受这番好意。

周作人以性情"冲淡"著称，但他对政治并非全无兴趣和认识。1926年，他就认为"阶级争斗已是千真万确的事实，并不是马克思捏造出来的"，甚至断定一点："现在稍有知识的人（非所谓知识阶级）当无不赞成共产主义"，只有"军阀、官僚、资本家（政客学者附）"才不赞成共产主义。他定位自己的角色："不是共产党，但是共产主义者。"周作人对从事政治的朋友颇能尽心，最典型的例子是他想方设法帮助过李大钊的遗属。1927年，奉系军阀张作霖在北京大肆捕杀革命党人，造成血腥恐怖的气氛，周作人不仅出面保存李大钊的遗稿，为李家代卖书籍，还收留李葆华（李大钊的长子）在家里住了一个多月，并且与沈尹默合计经营，将李葆华（化名杨震）送往日本留学。1940年，周作人动用自己的人脉资源，帮助李大钊的长女李星华、次子李光华办妥通行证，使之顺利投奔延安。对于他的这些功德，李大钊的女婿贾芝曾撰写专文予以翔实地证明。

五十自寿惹烦恼

一个人有怎样的历史观就会有怎样的现实态度，这一点不会有太大的偏差。周作人的历史观如何？我们可以从周作人的短文《历史》管窥一斑，他认为"天下最残酷的学问是历史"，自承"我读了中国历史，对于中国民族和我自己失了九成以上的信仰与希望"，相比鲁迅"直面惨淡的人生，正视淋漓的鲜血"，周作人采取的是退避三舍、自求多福的"上策"。他在1928年11月发表的《闭户读书论》即透露了此中消息。然而在危机四伏的乱世，又哪有象牙塔可供他安居其间？

七七事变前，日寇虎视鹰瞵（lín，瞪眼看），华北局势危如累卵。起初，日本人到北大来大谈特谈"中日文化合作"，周作人讥刺对方带着枪炮入我国境，只见武化，不见文化，这一回答十分机智，使对方瞠目结舌，无词以对。随着危机日益加深，他开始强调"第一句话不许说，第二句话说也无用"，虽然消极，尚知洁身自好，爱惜羽毛。其时，他不复有谈龙谈虎的兴致，文章也不再关注现实，而是专抄古书，

越抄越冷僻。1934年初,周作人苦中作乐,吟成两首《五十自寿》诗:

(一)

前世出家今在家,不将袍子换袈裟。
街头终日听谈鬼,窗下通年学画蛇。
老去无端玩骨董,闲来随分种胡麻。
旁人若问其中意,请到寒斋吃苦茶。

(二)

半是儒家半释家,光头更不著袈裟。
中年意趣窗前草,外道生涯洞里蛇。
徒羡低头咬大蒜,未妨拍桌拾芝麻。
谈狐说鬼寻常事,只欠工夫吃讲茶。

此时,周作人正值人生巅峰期,俨然是北方文坛领袖,他身上"岂尚有五四时浮躁凌厉之气乎"(周作人致俞平伯信中语),闲饮苦茶,其心则甘。《五十自寿》诗二首在林语堂主编的刊物《人间世》上发表后,南北名流(蔡元培、胡适、林语堂、钱玄同、刘半农、沈尹默和郑振铎)纷纷唱和。群公笔墨酣饱，意态闲适，与其时国难当头的危急局势形成鲜明的反差，因而招致一些左翼人士的狂攻痛剿。不用说，周作人首当其冲，成为众矢之的。巴人"刺周作人冒充儒释丑态"，有"充了儒家充释家，乌纱未脱穿袈裟。既然非驴更非马，画虎不成又画蛇"的严厉指责，廖沫沙也有"不赶热场孤似鹤，自甘凉血懒如蛇"和"误尽苍生欲谁责？清谈娓娓一杯茶"的愤怒抨击。"清流误国"的罪名已经呼之欲出。

周作人"五十自寿"以快惬始，而以烦恼终，给外界留下一种自取其辱、自贻伊戚的印象。此后，他的下坡路就走得有点像是泥丸下峻坂（jùn bǎn，陡坡）了，一发而不可收。

走与不走是个问题

1936年1月27日，平、津文化界名流联合发表"对时局的意见书"，先于政府公开表达了对日本军国主义觊觎华北的愤慨，强烈呼吁国民政府在内政外交两方面改弦易辙。当时，在这篇救国宣言上署名的中国北方文化界人士多达一百零四位，兼具名望和血性的知识精英差不多悉数登场，这个集体亮相举世瞩目。然而鲁迅留意到，连他最不待见的钱玄同、顾颉刚都署了名，周作人的名字却遍寻不着。他生怕自己看漏了眼，又回过头反复检查，仍旧空无所获。因此他轻轻地叹了一口气，心里颇有些烦恼：遇到如此重大的题目，他怎能这么退后？

在古代，乱世寻地而隐，治世择木而栖，这本是文人的常态，不足讶怪，无可厚非。但在现代，人们对文坛领袖的要求和希望显然要高得多，他不该是隐士，而应该是勇士才对，他若避世隐居，自求多福，就必然招致口诛笔伐。

1934年，钱天起在《人间世》发表《隐士》一文，罔顾人间何世的事实，极力称赞周作人"隐于文采风流"，较之陶渊明"采菊东篱下，悠然见南山"的快惬自得有过之而无不及。鲁迅读罢此文，甚感不屑，随即撰写了一篇同题杂文，讥刺道："泰山崩，黄河溢，隐士们目无见，耳无闻，但苟有议及自己们或他的一伙的，则虽千里之外，半句之微，他便耳聪目明，奋袂而起，好像事件之大，远胜于宇宙之灭亡者。"周作人要做隐士，确实选错了时间和地点，他的种种做派，且不管外人如何评说，即使在其兄长的眼中也是可笑而不堪的。对于鲁迅的讥嘲，周作人针锋相对，撰《老人的胡闹》一文，讽刺鲁迅"投机趋时，一样的可笑"。周作人以为将文敌拉到与自己平齐的水准，就万事大吉了，这个策略并不高明。

1936年,周作人在《再谈油炸鬼》一文中有个明确的表态:"关于秦始皇、王莽、王安石的案,秦桧的案,我以为都该翻一下,稍微奠定思想自由的基础……这里边秦案恐怕最难办。盖如我的朋友(未得同意暂不举名)所说,和比战难,战败仍不失为民族英雄(古时自己要牺牲性命,现在还有地方可逃),和成则是万世罪人,故主和实在更需要有政治的定见与道德的毅力也。"这段文字容易被人忽略,却是周作人敢冒天下之大不韪去与日伪政权合作的思想基础。他讲求"伦理之自然化"和"道义之事功化",对此信念乐于言说,勇于践行,不怕人唾,不惧人骂。

七七事变后,北大举校南迁,留下来的教授只有周作人、马裕藻、孟森、冯祖荀四位。北大校长蒋梦麟示意周作人:"你不要走,你跟日本人关系比较深,不走,可以保存这个学校的一些图书和设备。"此言正中周作人下怀,"家累重"、"老母寡嫂要奉养"也是现成的理由,他留在北平,就天经地义了。八道湾的宅院虽然苦雨,但有书可读,有茗可品,无论如何苦撑苦住,较之南渡的颠沛流离,仍要好得太多。

1938年8月4日,胡适远在英伦,仍惦记国内的朋友,他写信敦劝周作人南下,可谓爱人以德。胡适的信其实不是信,而是一首别致的白话诗:

> 藏晖先生昨夜作一个梦,
> 梦见苦茶庵中吃茶的老僧,
> 忽然放下茶盅出门去,
> 飘然一杖天南行。
> 天南万里岂不大辛苦?
> 只为智者识得重与轻。
> 梦醒我自披衣开窗坐,
> 谁知我此时一点相思情。

可惜这真的只是胡适的一个梦。周作人以诗为答,婉谢了好友的厚意。他并未识得对方强调的"重与轻",所谓"关门敲木鱼念经"的寂寞他耐不住,为家中老小"出门托钵募化些米面"只算借口,"老僧始终是老僧,希望将来见得居士的面"也更像是忽悠。

郑振铎曾当面敦劝周作人离开北平,周作人却摇头说中国的国力根本不足以抵抗日本,这仗打不起来,中国不媾和,就只有灭亡。覆巢之下,焉有完卵?到南方去与留在北方又有什么实质上的不同?郭沫若在南方发表《国难声中怀知堂》一文,其中有"如可赎兮,人百其身"的浩叹,他认为周作人是东瀛敌国尚知敬重的中国文化大师之一,他若能南来,

"用不着要他发表什么言论",就是对日本人的一服"镇静剂"。1938年春,中华全国文艺界抗敌协会在《抗战文艺》上刊登了茅盾、老舍、郁达夫等十八位作家联名的《给周作人的一封公开信》,劝其"急速离平,间道南来",周作人对此呼吁置若罔闻,未予理睬。1938年夏,周作人离开北平的最佳时机(也是最后时机)突然出现了,中央研究院和国立西南联大委派叶公超到北平敦促陈垣和周作人前往昆明,路途上可有照应,但周作人依旧坚执初衷,决意留在北平,不愿拖家带口间关数千里远赴西南边陲。他回绝的借口并无新意,其中一项是他要养活"鲁迅的母亲和女人(朱安)",这句话让在场作陪的常风听去,感觉十分刺耳。嗣后,叶公超叹息着对常风说:"苦雨斋将来不知要变成什么样子了!"

跳进黄河洗不清

1939年元旦,周作人与弟子沈启无在八道湾家中聊天,猝然遭到入户的刺客枪击,沈启无虽起立声明"我是客",但还是吃了一粒"花生米",车夫和仆人闻声来救,结果一死一伤。周作人倒是福大命大,子弹击中他毛衣上的铜纽扣,仅仅形成皮外伤。这次刺杀行动是平津一带"抗日杀奸团"

的爱国青年下的狠手，周作人先入为主，将矛头直指日本军部，一口咬定是日本宪兵所为。遇刺之后，周作人开始考虑何去何从，在抉择个人命运的关口，怯懦占据上风，屈服成为主调。辅仁大学校长陈垣及时察觉苗头，曾奉劝周作人"清名不要毁于一旦"。可惜这句忠告只是秋风射马耳。此后两年间，周作人觍然（tiǎn rán，厚颜无耻地）接受伪职，超越了北大校长蒋梦麟要他维护校产的权限，竟为日寇效犬马之劳，身着和服与戎装的照片相继登上敌占区的报纸，故交好友的期望全然落空。值得一提的是，周建人的儿子周丰三是热血的爱国青年，他寄住在八道湾十一号，察觉伯父周作人有附逆（投靠叛逆集团）的迹象，即以死谏的方式开枪自杀，年仅二十岁。周作人非但没有吸取这个血的教训，对此也从未有过片言只语的忏悔，周丰三白白牺牲了自己年轻的生命。

当初，为了回应外界的规劝和质疑，周作人的姿态摆得蛮高，他在写给陶亢德的信中强调："请勿视留北诸人为李陵，却当作苏武看为宜。"他还托人将这句话带给北大校长蒋梦麟。他若真能做抗节不屈的苏武当然不赖，可惜他最终做的仍是李陵，甚至远不如李陵，李陵毕竟是杀敌过当，矢尽援绝，才降入匈奴，周作人却没有进行过任何必要的抵抗，就入幕为僚，做了日伪政府的高官。泉壤之下，不仅苏武要为他犯羞，李陵也肯定对他恼火。

周作人是留日出身，对东洋文明抱有不可替代的好感和敬意。1933年，日本侵略军的铁蹄初践热河，在国内，失败主义的悲观情绪即如同病毒漫延，当时的文化名流趴下认输者并非个别。汤尔和赋诗《哀热河寄黄任之上海》三首，其一是："国到将亡百事哀，惯从沙上筑楼台。谁令朽木支危屋？早识庸医种祸胎。只恐人心今已去，料应天意久难回。老瞒命断黩彭醢，降格犹无乱世才。"汤尔和一早弹出亡国调，有此预期，后来他沦为汉奸也就少了些令人吃惊的成分。说起来，汤尔和肺癌死后，周作人为其接班人（伪华北政务委员会常委兼教育总署督办），落水的时间正好前后脚。汤与周都是铁杆的亲日分子，周作人起始就坚持"日本必胜，中国必败"的陋见，视当时的国势如同晚明，大有颓厦欲倾、昏灯将灭之感。因此他内心原本就并不炽盛的民族大义和爱国热忱统统被眼前愈演愈烈的局势狠狠地打压下去，被蹂躏得不成样子。认识主导行为，他对出任伪职的后患也就不可能产生足够的警惕和顾虑，何况此时在他背后，还有另一只幕后推手很是给力。

许宝骙在《周作人出任华北教育督办伪职的经过》一文中写得明明白白：

1940年11月初，伪华北政务委员会教育总署督办汤尔和病死，这个职位出了缺。我当时在伪组织的高层政治圈中活动，消息比较灵通，得知一些情况。缪斌当时在日方一派力量的牵线支持下，钻营此缺甚力，颇有相当的呼声。另一方面，在伪政权中也有人（如王揖唐）属意于周作人，这当是出于日方另一派力量的授意。在我们的一次"三人碰头会"上（那时王定南同志和我还有张东荪约每半月总要聚会一次，多数在弘通观四号我的家里，汇集情报，研究工作），我报告了这些情况，提出问题并商讨如何运用如何应付的对策。我们认为，缪斌这个国民党党棍、现新民会混混儿，若任其抓住华北教育肆行奴化，那毒害青年真不知伊于胡底，所以应该把他排掉，不能让他得逞。……这时我们要抵制缪斌，很自然地就想到同时也有所酝酿的周作人。但我又考虑到，以周作人的清望而出任伪教育督办，竟是为日伪捧场，这又是不好的一面。我们继而又转念想到，反正周作人已经当上了伪北大文学院院长，用我们当时的话说就是他一条腿已经下了水（至于他之出任伪文学院长一举又是与蒋梦麟的托付有关，那是另一码事，我当时也不知道），那么我们就无妨顺水推舟，让他进一步出任伪督办,以抵制为祸最烈的缪斌。权衡利害,按"两害相权取其轻"的道理,这事是可以做应当做的……

三人碰头会既经谈出结论,当然是由我去找周作人进行游说。我设身处地为周作人着想,在打谈话腹稿中想出了两句话。我对周作人说:尔叟(指汤尔和)去世,督办出缺,逐鹿者大有人在,而缪斌呼声颇高,其人如何,士所不齿(周听至此,插话问了一两句,我便告诉他,缪斌原是国民党党棍,现为新民会会匪),若任其得逞,则毒化教育,奴化青年,为害不堪设想(周听至此,似乎动容)。为文化教育计,为青年学子计,先生(指周)若以文学院长进而出仕,只要排掉了缪斌,就是一种功德(周听至此,表情倾注,似乎微笑颔首)。我更接着说:如果出仕,则在日方督迫下,在职责上当然不免有些要积极去做的事,我方对此可以尽量保持消极——这是积极中的消极;而这种消极正起着抵制奴化的积极作用——这又是消极中的积极(周听至此,又频频颔首,似乎有所理会)。以上所述就是我游说周作人的大意和谈话的情景。我现在完全回忆不起周作人当时对我说过些什么话,此时自然是一句也不敢以己意作想当然的编写。我却记得一点:周作人当时曾表示,书生做官,性格不宜；且当局诸公都不熟识，也恐落落难合（这也只是大意）……

几个"转念"使一件相当棘手的事情变得顺理成章了，许宝骙的游说非常成功，周作人见猎心喜、跃跃欲试也是事实。华北伪政府的主脑王克敏不待疏通，乐得选择温文尔雅、易于掌控的对象，何况周作人的名望能给华北伪政府的脸面贴金。周作人上任后一段时间，见到许宝骙，曾苦笑着说过一句话："我现在好比是站在戏台上场门边看戏的看客。"离戏台近，看得更清楚，好处也就只有这一桩，至于那台戏由谁主演，怎么个唱法，他是做不了主、定不了调的。

我们该怎样看待"三人碰头会"推动周作人出任伪职这件事呢？王定南是中共北方特委的负责人之一，他行使决策权，这算不算中共党组织的决定？对此，许宝骙说"我不清楚"。他也不知道王定南是否向上级党组织汇报过。当时地下党组织的运作就是这样的，大家的口风很紧，不该说的绝对不说，不该问的也绝对不问。许宝骙游说周作人时，他为自身和地下党组织的安全着想，并没有亮出底牌，这完全可以理解，因此也就不能坐实周作人出任伪职是由中共直接授意。然而许宝骙的回忆文章几乎被王定南全盘否定了，王定南发表严正声明，其中有这样一段话："我既没有委托任何人去游说周作人出任伪教育督办，更不可能交代给委托人任伪职的两句话：'积极中消极，消极中积极。'如果说我说过两句话，就是我写给华北伪政权头子的两句话：'依附敌人既为当代人所不齿，也贻后代子孙羞。'"这件事至此又成悬案，谜团反而越滚越大。究竟是赤裸裸的谎言，还是记忆之误？许宝骙与王定南各说各话，读者就只能凭感觉（而非理性）去作出自己的判断了。

1943年春，周作人随伪华北政务委员会联名请辞而解职下台，许宝骙和张东荪（此时王定南被日本宪兵逮捕入狱了）故伎重演，用伪北大工学院院长王谟顶掉了他们十分反感的政客何庭流。王谟在伪华北教育总署督办任上仅待了两年多时间，并未干过祸国殃民的坏事，光复后，却被国民党政府以汉奸罪处决了。这件事一直令许宝骙耿耿于怀。与王谟的死于非命相比，周作人只被国民党政府判处十年徒刑，应该说是冰火两重天了。

许宝骙的证词极具史料价值，许多人正是据此推断周作人不该定性为汉奸，而应平反为打入敌伪政府高层的进步人士。周作人对许宝骙的地下党员身份是否知情？我们已经无从考稽。但周作人确实帮助过李大钊的遗属，知道此事的人比较多，这是他手中紧握的一根救命稻草。于浩成的《关于周作人的二三事》证实了这一点：日军战败投降之初，周作人为避祸计，曾有意投奔解放区，他委派伪北大教授赵荫棠到张家口与于力（于浩成的父亲，晋察冀边区参议会副议长）接洽，算是投石问路。此事被晋察冀边区参议会议长成仿吾一口否决，毫无通融的余地。赵荫棠有辱使命，就留在张家口的一所中学教书，没有及时返回北平。解放区不肯接纳周作人是不愿沾惹包庇汉奸的嫌疑，以免授人以柄，在舆论上处于被动地位，这一点不难理解的。周作人帮助过李大钊的遗属是实，但功不抵罪，资不抵债。

周作人出任伪华北政务委员会常务委员兼教育总署督办，有何作为？外界盛传，日本人将进步青年关在北大文学院地下室，使之沦为撒旦治下的恐怖地狱，夜半拷打号哭之声惨不忍闻，周作人装聋作哑，漠然视之。此说最令人切齿寒心。事实如硬币，当然还有另外一面。据《庸报》记者郭健夫（中共地下党员，与周作人私交不错）证实，周作人营救过中共地下党员高炎和一些因抗日活动被捕的国共人士。这当然是周作人手中的政治本钱。

1941年12月8日，太平洋战争爆发后的第二天，日军迅速进驻燕京大学，将代校长陆志韦和教授张东荪、赵紫宸、邓之诚等人集中起来，准备治以"通敌"之罪，将他们打入大牢。陆志韦急中生智，赶紧叫人去通知周岂明（周作人），请他援手施救。周作人在敌占区的缓冲和维护作用显然被不明真相的外界低估和抹煞了。

抗战胜利之初，周作人理应杜口防嫌，闭门思过，他却抱有幻想，希望国府文教部门的接收大员沈兼士派他到东瀛去接收被日本军方劫掠的珍稀文物。如此天真确实令人咋舌。当时，胡适尚未归国，傅斯年代理北大校长，他对北平学界的汉奸（尤其是在伪北大任职的教授）深恶痛绝，务为驱除，周作人即被傅斯年亲手开除教职，因此他对傅胖子恨之入骨，多年后笔下仍要肆其楚毒（残酷），鞭尸而后快。

1946年7月19日，国民政府首都高等法院公审周作人，媒体密切关注。周作人在诉状中声称："学校南迁，教授中年老或因家庭关系不能随行者，有已故之孟森、冯祖荀、马裕藻及被告四人，由校长蒋梦麟特别承认为北大留平教授，委托保管校产。"1946年8月13日，首都高等法院院长赵琛致函蒋梦麟，请蒋梦麟再次核实他出具的证明文书"是否即为台端手笔"。蒋梦麟回信表示无误，其中有这样一句话，颇为关键："查本人在前北京大学校长任内，于华北沦陷时，确曾派已故之孟森、冯祖荀、马裕藻及现在押之周作人保管北京大学校产。"这句证词在很大程度上使周作人得以从轻发落。

什么选择最理想

　　1949年7月4日,周作人给中共中央领导人写了将近六千字的长信,为自己洗刷罪名,他踌躇良久,迟至翌年才付邮寄出。唐弢看过周作人的那封亲笔信,有关苦茶先生的"丑表功",他在《关于周作人》一文中是这样叙述的:"周作人为自己辩解的最根本的一条,便是说自己反对'说空话'、'唱高调',主张'道义之须事功化'。因此与其'跑到后方去,在那里教几年书,也总是空话,不如在沦陷中替学校和学生做得一点一滴的事,倒是实在的。我不相信守节失节的话,只觉得做点于人有益的事总是好的。名分上顺逆是非不能一定,譬如受国民政府的委任去做戡乱的特务工作,决不能比在沦陷区维持学校更好'。"周作人在信中列举了自己的多项功劳:出面保全了北大理学院的房子,收回了北大图书馆、文史研究所和北平图书馆。他忠实践履了"勿怕死是要拼命做事"的一贯主张。最可见他四两拨千斤之功力的辩解是关于自己出任伪华北教育总署督办一职的那段文字:"及汤尔和病死，教育总署一职拟议及我，我考虑之后终于接受了。因为当时华北高等教育的管辖权全在总署手里，为抵制王揖唐辈以维护学校起见，大家觉得有占领之必要。"好一个"占领"，简直就有"灭此朝食"的气概。值得注意的是，他在信中引出儒家的三大叛徒——汉朝的王充、明朝的李贽、清朝的俞正燮——来为自己辩护，他说这三人都反对封建礼教，"疾虚妄"，"离经叛道"，与自己的思想十分合拍。他的意思不言而喻，所谓"贞士守节"，那只是封建糟粕，他既然是儒家的叛徒，不守节又有何不可，有何不妥呢？太奇怪了，周作人是通晓群学的文化精英，对中国人的心理痛点不会不清楚，国难当头，归附外寇，即使是将以有为，事后也绝对不可能得到国人的原谅和宽恕。他要做儒家的叛徒，却变成国民的公敌。这样的逻辑推导一点也不复杂，倒是他的自我辩解在主流文化背景下显得过分苍白。

建国后，新政府该如何对待周作人？这个问题，胡乔木和周扬都请示过毛泽东，伟人的意见是："文化汉奸嘛，又没有杀人放火。现在懂古希腊文的人不多了，养起来，让他做翻译工作，以后出版。"人尽其才，物尽其用，有了最高领袖的这句话，周作人如获大赦，一度槁木逢春。另有一种说法是，章士钊在毛泽东面前能讲上话，他不止一次为周作人缓颊（为人求情），还从毛泽东"还"给他的稿费中匀出钱来救济周作人，使周作人受益匪浅。据文洁若（周作人译稿的责任编辑）回忆，周作人着手翻译古希腊的经典著作，定期从人民文学出版社预支稿费（起初是每月二百元，后来提至每月四百元），但出版时只准署名周遐寿或周启明，不许署名周作人，这一刚性规定令周作人的自尊心很受伤害，他认为官方对他实施了默杀的手段。周作人的生活待遇可算优厚的了，比当时的普通老百姓强出一大截，但他仍将自己收藏的文物字画寄到香港去售卖，与海外好友通信，也多半是叹老嗟悲，诉苦道穷，自谓"乞食为生"。他还用"长年"（绍兴称地主家的长工为长年）的笔名在小报上发表文章，暗示外界他只不过是在做一份苦工而已。周作人是鲁迅的胞弟，他吃鲁迅饭的优势举世无双，无人可望其项背，他撰写了大量的回忆文章，结集出版，仰仗生前失和的兄长又找回了昔日文豪的一点落日余晖。他回忆从前兄弟反目，有过这样的表白："我也痛惜这种断绝，可是有什么办法呢，人总只有人的力量。我很自幸能够不俗，对于鲁迅研究供给了两种资料，也可以说对得起他的了。"周作人应该清楚，伤口一旦形成，别人牢牢盯住的就永远只是那道刺目的疤痕。尽管从客观上来讲，他所提供的原始回忆和独到见解价值远远超过许多鲁迅研究专家所做的无用功,但他的角色却是最为尴尬的。

林语堂在《两个鬼》一文中说,每个人的心头都住着两个鬼:"其一是绅士鬼,其二是流氓鬼。……这是一种双头政治,而两个执政还是意见不甚协和的,我却像一个钟摆在这中间摇着。"有时,流氓鬼会占据优势,有时绅士鬼会抢得上风。周作人的口头禅是"怪好玩的",因此得诨名"怪好玩先生"。有两个鬼时不时在心中拌嘴和打架,他是否也觉得怪好玩的?绅士鬼终究敌不过流氓鬼的胡闹,经不起它的怂恿,而至于一同堕落,一齐跳入粪坑,那就半点也不好玩了。周作人素来痛恨奴化,而甘心去做日伪政权的傀儡,最终还是让流氓鬼抢得先机,敲响了得胜鼓。

在《泽泻集》的自序中,周作人说过类似的话:"戈尔特堡批评蔼理斯,说在他里面有一个叛徒与一个隐士,这句话说得最妙;并不是我想援蔼理斯以自重,我希望在我的趣味之文里也还有叛徒活着。我毫不踌躇地将这册小集同样地荐于中国现代的叛徒与隐士们之前。"叛徒的角色似乎比汉奸更周正些许,但也是极其危险的,俟周作人看清隐士和叛徒都不可高调去做时,他已经丧失资格扮演这两个角色中的任何一个。

南宫博的《于〈知堂回忆录〉而回想》一文中颇有回护周作人并为之开脱的意思，他这样写道："要知政府兵败，弃土地人民而退，要每一个人都亡命到后方去，那是不可能的。在敌伪统治下，为谋生而做一些事，更不能皆以汉奸目之，'饿死事小，失节事大'，说说容易，真正做起来，却并不是叫口号之易也。何况，平常做做小事而谋生，遽加汉奸帽子，在情在理，都是不合的。"这样的辩护于普通人确实有用，而且通情达理，可是周作人不是普通人，其影响力之大超乎寻常，他也不是"做做小事而谋生"，他出任的是伪南京国民政府委员、伪华北政务委员会常务委员兼教育总署督办。

"立身一败，万事瓦裂。"周作人一失足成千古恨，再回首是百年身，他敝屣气节，趋奉敌寇，始终无法取谅于仇日憎日情绪异常炽烈的国人。我们回头细看这幕悲剧，可以肯定的是，周作人的文化理想与主流价值观发生了不可调和的致命冲突，一介书生，当然是处于弱势的一方，他不成齑粉谁成齑粉？儒家讲求恕道，但真能慈悲为怀的恻隐者和大度者永远只是相对沉默的极少数。胡适是不折不扣的自由主义者，其多所包容的海量举世公认，沈兼士曾出面求情，希望他为周作人的汉奸问题向全社会发出谅解的呼吁，对于这个不情之请,他回复的并非"Sorry",而是一声断然否定的"No"。

相比于"汉奸"的刺眼标签,也许我们称周作人为"叛徒"更为稳妥。叛徒的下场又能比汉奸好到哪儿去呢?"文革"之初,正值周作人生命的暮晚时分,他含垢忍耻,欲求"安乐死"而不可得,遭到非人的折磨(八旬老翁挨红卫兵皮带抽打),爱子致残,图书被毁,手稿被抄,八道湾的大宅院被瓜分,困毙于自家的小杂屋,骨灰下落不明,他所付出的代价足够高昂和惨痛了。钱谦益卑躬降清,后悔无及,早已成为翻不了身的咸鱼。周作人厚颜事寇,自作聪明,盖因心太冷,对国家的前途极度看灰,对日军的战斗力过于迷信。这就很难说他是一位智者。"读书太多,结果脑袋不是自己的了",用这话去形容他,不会有太大的偏差。从感情上讲,周作人极端亲日。钱钟书的中篇小说《猫》中有个人物叫陆伯麟,影射的笔触百分之八十指向周作人,"除掉向日葵以外,天下怕没有像陆伯麟那样亲日的人或东西",这样的写照画皮还画骨。周作人至死也没弄明白,日本那么"明净直的民族"何以对中国总拿不出善意,只拿出恶意,"而且又是出乎情理的离奇"。鲁迅一字以骂之"昏",还真是没骂错。但无论如何,周作人罪不该死,更不该是那种受尽肉体和精神双重折磨的惨死。德国哲学家海德格尔依附纳粹,为希特勒捧场,虽在欧洲臭名远扬,为人所不齿,二战后一度失去教职,但他并未受过任何肉体的折磨,安然活足八十七岁,寿终正寝。两相比较,周作人遭遇之惨,令人叹息。

周作人留下的遗嘱中有一句断言:"人死声销迹灭最是理想。"但对于他来说,肉体的死亡仍不是终结,他长留在世间的精神生命将受到无休无止的拷问,这才是未竟的悲哀。极"左"的"法官"主张因人废文,极右的"法官"甚至称赞他为瑕不掩瑜的"圣哲",似乎施施然到孔庙去吃冷猪肉也完全够资格。钱穆治史,主张对古人对前人多表两三分同情。说白了,就是要讲点恕道。耶稣死前完全宽恕了那些加害于他的恶人,恕道之难就在于需要这种大悲悯大宽容的宗教情怀作为基石。哪怕他开门揖盗了,认贼作父了,你也要能够宽恕他。因此在周作人的"汉奸问题"上,今人要用点恕道才行,因人废文大可不必。钟叔河先生在《知堂集外文》序言中写道:"陈婆虽有麻子,所烧的豆腐固未尝不好吃也。"此论堪称公允。然而众口难调,世间也有高手认为周作人的文章并不给力,掉书袋太多,追求趣味而事与愿违。钱钟书曾用小说家而非学者的尖刻笔锋酷评过周作人,可谓极尽揶揄之能事:"他主张作人作文都该有风趣。可惜他写的又像中文又像日文的'大东亚文',达不出他的风趣来,因此有名地'耐人寻味'。……读他的东西,只觉得他千方百计要有风趣,可是风趣出不来,好比割去了尾巴的狗,把尾巴骨乱转乱动,办不到摇尾巴讨好。"钱钟书谑而至于虐,这个"狗摇尾巴骨"的新奇比喻用得是否高明?读者的意见恐怕也不会一边倒吧。

"悲歌自觉高官误,读史应知名士难。"在中国历史上,"半截人"(前半生誉满天下,后半生谤满国中)的名单可以开出一长串,周作人无疑是其中的典型。他原本只想做儒家的叛徒,孰料"方向盘"跑偏之后,竟做成了民族的罪人,南辕北辙,误差何其之大。盛名之累不可小视,过得了生死关的人竟过不了舆论关,强悍的舆论何尝不是起落无情的断头台,根本不由分说。历史的"公正"绝对可靠吗?在这个谜题面前,它也是大犯踌躇的,难下其准确判断。

我想,周作人纵然具有"我不入地狱,谁入地狱"的惊天勇气,也过分高估了自己清空地狱的能力。一旦身心堕入阿鼻(佛教传说中最底层的地狱)之中,再想挣扎着爬出生天,挺直身架,洗净污点,就是要完成一个不可能完成的任务。周作人常在人前和文中自称"我是和尚转世的",这也无济于事啊,毕竟他不是地藏王菩萨。

冯友兰

为天地立心

他被迫做犬儒、宿命难逃,他不曾抗争,这固然令人遗憾。但可贵的是,他晚年真诚地忏悔和改过,最终实现了自我救赎。

德国诗人海涅在谈到德国哲学家康德时,不无揶揄地说:"康德的生活史是难于叙述的,因为他既没有生活,又没有历史。"康德性格刻板,作风谨严,一生如白水平淡,确实缺乏吊人胃口的故事,他终身未娶,极其守时,行止合乎礼仪、法度,简直无懈可击。康德是优等公民,并非传奇人物,他的书信、言谈远不如英国的约翰生博士那么风趣诙谐,逗人捧腹。

拜时代之赐,20世纪中国的哲学家寥若晨星,屈指可数,"生逢社会大动荡、政局大动乱、思想大动摇的时代",他们忽左忽右,载浮载沉,即便如此,他们的生活史和心灵史同样难于叙述,原因相当复杂。比如,我们要审慎地评判三松堂主冯友兰(1895—1990)的学术生涯,就绝非一件轻而易举的事情。

冯先生曾说过"哲学是人类精神的反思",他还说过"哲学与科学的区别在于前者求好,而后者求真"。诚然,反思极其必要，求好和求真永无尽期。一个堪称中国学术界最高标杆的人物无疑是极佳的样本，值得后人去审视和裁量。

"北方之才不出则已"

大学者汤用彤夸赞冯友兰，可算一语命中靶位："南方人聪慧，北方人朴重，南方人才多于北方。北方人才不出则已，出一个就不平常，像冯友兰，南方少见。"其意是冯友兰具有超人的毅力，辅之以绝顶的聪明，简直就是如龙乘云，如虎驾风。

1919年，冯友兰赴美留学，申请哥伦比亚大学的奖学金，实用主义哲学家约翰·杜威欣然命笔，为他写推荐信，一言以蔽之："这名学生是一个真正学者的材料。"有人说，杜威慧眼识人，堪称冰鉴。也许在杜威那一方面，事出有因，他培养过胡适，对中国留学生存有同情和好感，他的举手之劳碰巧又提携了一位中国的顶尖人才。

1928年8月17日，国民政府决议改清华学校为清华大学，任命罗家伦为校长。就在这个月的下旬，罗家伦聘用冯友兰为清华大学哲学系教授兼秘书长。冯友兰在《三松堂自序》中写道："……使我满意的是这是个中国人办的学校，可以作为我的安身立命之地,值得我为之'献身',所以就呆下去了,一呆就呆了二十多年,一直到1952年院系调整才被调整到北大。"有些人只知道冯友兰是北大教授,殊不知他的"清华"成色更足。说得更准确点是这样的:他出身于北大,归宿在北大,中间最具创造活力的年岁则属于清华。他曾经断言:"我在清华的几十年是我一生中最幸福的时代。"

1934年,冯友兰出访英国,归途中,出于好奇,向苏联当局申请短期停留,去考察这个神秘国度的社会生活。嗣后,冯友兰在清华大学作了两堂演讲,分别为苏联见闻和《秦汉的历史哲学》。他认为"苏联既不是人间地狱,也不是天国乐园,它不过是一个在变化中的人类社会。这种社会可能通向天国乐园,但眼前还不是"。他发现,较之封建主义社会的"贵贵"、资本主义社会的"尊富",社会主义苏联侧重于"尚贤"。他特意更正了西方社会对苏联的种种误解,比如不许信教、不要家庭、割裂文化传统。冯友兰天真地认为自己只不过是"好学深思之士,心知其意"而已,清华大学师生却感觉到冯友兰对政治产生了浓厚的兴趣,都说"冯先生变了"。南京当局更是敏感过度,竟然派出持枪的特务,以赤化之嫌将冯友兰铐押到河北保定行营拘禁起来,要他如实交代在国外到过什么地方,见过什么人,讲过什么话。翌日,军政部长何应钦指示放人,冯友兰获释返回北平。特务无法无天,学者蒙冤入狱,此事震动全国舆论,在学界引起强烈的反弹,冯友兰一夜之间成为了名声大噪的进步教授,无妄之灾转变成无妄之福。鲁迅在1934年12月18日致杨霁云的信中感叹道:"安分守己如冯友兰,且要被捕,可以推知其他了。"多年后,冯友兰在《三松堂自序》中写下了这样一段感想:

  我在这个时候,好像走到了一个十字路口。我可以乘此机会与南京政府决裂,大闹一场,加入共产党领导的革命队伍的行列,或者是继续我过去的那个样子,更加谨小慎微,以避免特务的注意。有人对我说:"你不该轻易回来。你可以对行营那些人说:'放不放由你,走不走由我。你们必须说明,为什么逮捕我?根据什么法律,是谁下的命令?'"这是劝我走前一条路。当时清华的学生准备开会,清华的教授也准备开会。我如果走前一条路是会得到全社会的支援,可以大干一番。可是我没有那样的勇气,还是走了后一条路。"冯先生变了",但没有变过来。

真要是冯先生"变过来了"又如何?多一个革命家,或许就会少一位大学者。

抗战初期,几位清华大学教授结伴从长沙前往昆明,在广西凭祥县(离镇南关不远的地方),司机叮嘱大家过城门时千万别把手放在车窗外面,以免发生危险。其他人遵嘱而行,只有冯友兰纳闷:手为什么不能放在车窗外?将手放在车窗外与不放在车窗外的区别是什么?其普遍意义与特殊意义何在?这几个问题尚未寻获答案,他的左上臂碰到城墙后就"咔嚓"一声骨折了。出此意外,他只好转车去越南河内的法国医院治疗一段时间。这段经历在他的诗作中有所反映:"水尽山穷路迂环,一车疾走近南关。边墙已满英雄血,又教书生续一斑。"有所失必有所得,住院期间冯友兰蓄起了络腮胡子,从此变成了美髯公("文革"期间一度被迫削须)。很难说,一个爱思考的人付出此类代价,遭受此类苦痛,是否值得。三折肱而为良医,一断臂而成贤哲,这样的佳话不可多得,也不宜多有。

1938年,西南联大的两名学生奔赴延安,欢送会在露天广场上召开。对这两名学生的抉择,冯友兰给予鼓励和支持,钱穆则针锋相对,强调学生以读书为天职,离开学校,放弃学业,为政治献身,是误入歧途。会后,冯友兰认为钱穆不应苛责学生,钱穆则认为冯友兰一向主张学生安心读书,现在改变初衷,依违两可,纯属自相矛盾。冯友兰再次显示出早年日记中所坦承的不能决断的短处,以"读书不忘救国,救国不忘读书"作答,实等于正确的废话。两人一番争执,结果不欢而散。在历次学生运动中,冯友兰始终同情弱势的一方,他先后掩护过学生领袖黄诚、姚依林、裴毓荪等人,当风声最紧的时候,将他们藏匿在家中。

  冯友兰反感蒋介石的所作所为,但他又不得不敷衍此公。抗战期间,蒋介石有个习惯,在官邸接见从外地到重庆去的各界著名人士,设宴与他们交谈,了解舆情。座中经常有一些地方官。冯友兰受邀到蒋介石官邸吃过几次饭,观察到很有趣的现象。蒋介石喜欢向不同的地方官提同一个问题:"你们那里现在怎么样?"如果对方说很好,话题就到此结束,如果对方回答说有些事情比较棘手,蒋介石就会一路穷诘下去,甚至勃然大怒,将对方斥责得面色如土。结果呢,那些地方官摸准了蒋介石的脾气,说"很好"的总是占绝大多数,这样既安全保险,又能轻松过关,他们何乐而不为。由此,冯友兰明白了中国官场的运作诀窍——瞒上不瞒下。别说秦二世了,就是唐玄宗那样精明的角色,也被瞒得铁桶般严严实实,直到安史之乱爆发,叛军攻破了潼关,渔阳鼙鼓动地来,他才如梦方醒。如果瞒来瞒去,大家总是紧瞒着掌握最高权力的领袖人物，国家的状况就会糟到极点。这样的感悟是任何人读死书都很难得到的，在蒋介石的官邸，冯友兰可没白吃那几顿饭啊！

许多读者都只识得冯友兰是哲学家和哲学史家，将他的著作视若瑰宝，殊不知冯先生的文学才华也是矫矫出众。他的《祭母文》如泣如诉，感人至深；他接受蒋梦麟的倡议，代表西南联大的教授写陈情书给蒋介石，请求开放政权，实行立宪，这封信通于史、明于事而达于理，独裁者披阅之后也不免为之动容，俯允了他们的呼吁。冯友兰为西南联大撰写的校歌歌词和纪念碑文则属于将才、学、识调于一鼎、烩于一炉的极品，令人口齿留香。

> 万里长征，辞却了五朝宫阙。暂驻足，衡山湘水，又成离别。绝徼移栽桢干质，九州遍洒黎元血。尽笳吹弦诵在山城，情弥切。千秋耻，终当雪。中兴业，需人杰。便一成三户，壮怀难折。多难殷忧新国运，动心忍性希前哲。待驱除仇寇复神京，还燕碣。

作为西南联大校歌的歌词，这阙《调寄满江红》文采、情志、气韵俱佳，令人过目难忘，可惜现在还能倚着曲调唱它的人不多了。

西南联大缺什么也不缺一时之选的文坛大手笔，纪念碑由冯友兰撰文，中文系教授闻一多篆额，中文系教授罗庸书丹，堪称"三绝碑"，朱自清、沈从文等人只能袖手旁观，这样的安排，一点也不奇怪。我们不妨看看此文的片断：

> ……唯我国家，亘古亘今，亦新亦旧，斯所谓"周虽旧邦，其命维新"者也。旷代之伟业，八年之抗战已开其规模，立其基础。今日之胜利于我国家有旋转乾坤之功，而联合大学之使命，与抗战相始终。此其可纪念者一也。文人相轻，自古而然，昔人所言，今有同慨。三校有不同之历史，各异之学风，八年之久，合作无间。同无妨异，异不害同；五色交辉，相得益彰；八音合奏，终和且平。此其可纪念者二也。万物并育而不相害，道并行而不相悖，小德川流，大德敦化，此天地之所以为大。斯虽先民之恒言，实为民主之真谛。联合大学以其兼容并包之精神，转移社会一时之风气，内树学术自由之规模，外来"民主堡垒"之称号，违千夫之诺诺，作一士之谔谔。此其可纪念者三也。稽之往史，我民族若不能立于中原，偏安江表，称曰南渡。南渡之人，未有

能北返者：晋人南渡，其例一也；宋人南渡，其例二也；明人南渡，其例三也。"风景不殊"，晋人之深悲；"还我河山"，宋人之虚愿。吾人为第四次南渡，乃能于不十年间，收恢复之全功。庾信不哀江南，杜甫喜收蓟北。此其可纪念者四也。

许多年后，冯友兰谈起这篇得意之作，仍津津乐道："以今观之，此文有见识，有感情，有气势，有词藻，有音节，寓六朝之俪句于唐宋之古文。余中年为古典文，以此自期，此则其选也。承百代之流，而会乎当今之变，有蕴于中，故情文相生，不能自已。今日重读，感慨系之矣。敝帚自珍，犹过于当时操笔时也。"

1946年，西南联大左右两派人士斗争激烈，冯友兰居间弥缝，却被人误会为以调和的方式带头破坏民主运动。他感觉蒙冤受屈，因此心灰意冷，只想早点从昆明那个政治是非的大漩涡中抽身离开。同年9月，他如愿以偿，接受洛克菲勒基金会赞助，应邀赴美，出任宾夕法尼亚大学客座教授，讲授中国哲学史，为期一年。他将二十多万字的讲义整理为《中国哲学简史》，在此书的自序中，冯友兰的自信和自得溢于言表："小景之中，形神自足，非全史在胸，曷克臻此。……

择焉尤精而语焉尤详也。"他在书中强调哲学的功用"不在于增加积极的知识而在于提高心灵的境界",这一认定与沉迷于名相概念之戏论的西方哲学家大异其趣,大相径庭。

当时,冯友兰已取得在美国的永久居留权,治学条件和生活待遇远非国内大学可及。然而客居异国犹如寄人篱下,物质享受难慰乡愁,冯友兰日常吟诵得最多的是王粲的《登楼赋》:"虽信美而非吾土兮,夫胡可以久留?"他去意已决,归心似箭,对挽留他的朋友说:"俄国革命以后,有些俄国人跑到中国居住,称为'白俄'。我决不当'白华'。解放军越是胜利,我就越是要赶回去,怕的是全国解放了,中美交通断绝。"冯友兰认为他在中国才有发言权,其归志已决,犹如脱弦之箭,义无反顾。过海关时,他交还了绿卡(在美国的永久居住证),此举自断退路,出乎所有人的意料。

重回清华,冯友兰入住乙所,甲所的住户是校长梅贻琦。客人进了冯宅,抬头就能看到张载的那条著名语录:"为天地立心,为生民立命,为往圣继绝学,为万世开太平。"气魄之大、信念之雄令人精神一振。当时,清华学生将乙所称为"太乙洞天",将冯先生称为"太乙真人",就气象而言,这个称呼倒是不算夸张。

太乙真人确实有可能飞黄腾达,国民党教育部长蒋梦麟曾经"作媒",力邀冯友兰入阁,蒋介石也一度想延揽冯友兰进入国民党中央委员会,为此请他吃饭,当面恳谈。冯友兰婉辞的理由是:"我要当了中委,再对青年们讲话就不方便了。"在升官发财的强力诱惑面前,冯友兰立定了脚跟,他不做政客,只做学者,长守清静的书斋,远离喧嚣的官场。

哲学家不仅能提升世人的精神境界,而且还可以直接用哲学救命,这似乎有点夸大其词,但事实就是如此。台湾美术史专家、作家吴讷孙(笔名鹿樵)曾告诉李赋宁教授一件"趣事":在西南联大上二年级时,吴讷孙遭遇严重的精神危机,感觉生命异常空虚,活在黑暗的乱世毫无意义,打算自行了结,脱离茫茫苦海。但他心想,就算要死,也应该死个明白,于是他专程去拜访冯友兰,向这位哲学家请教人生的真谛。妙的是,经过冯友兰的耐心开导和真情感化,吴讷孙内心的希望和信念居然死灰复燃,而且愈燃愈炽,从此摒弃消极厌世的情绪,振作心力,发愤读书,成为了美术史专家,还创作了一部反映抗战时期昆明西南联大学生命运的长篇小说《未央歌》。救人一命,胜造七级浮屠,冯友兰的功德可谓厚矣。

大学者钱穆晚年著《师友杂忆》,其中记录了胡适对冯友兰的一句酷评:"天下蠢人恐无出芝生右者。"这话的意思是：天下蠢人虽多，但没有比冯友兰（芝生是他的字）更蠢的了。冯友兰听人转述此评，良久默然，但并无忿恚，他用平和的语气说："胡适顶聪明，但他'做了过河卒子，只得勇往直前'。我却不受这种约束。"冯友兰与胡适谁蠢谁不蠢，很难界定，因为他们的处境截然不同，胡适在美国隔岸观火，置身于波诡云谲、血泪交飞的政治运动之外，说话轻松安全，在知人论世方面就要打不少折扣才行。

1982年9月10日，美国哥伦比亚大学授予冯友兰名誉文学博士学位，在授予学位的仪式中，冯先生兴致飞扬，思维敏捷，他说，人类的文明好似一笼真火，古往今来对人类文明有所贡献的人，都是呕出心肝，用自己的心血脑汁为燃料，才把这笼真火一代一代传承下来。年近九十，他依然拼命著述，作为一个传火人，诚可谓欲罢不能，至死方休。话音一落，闻者无不动容。演讲完毕之后，他还赋诗述怀："一别贞江六十春，问江可认再来人？智山慧海传真火，愿随前薪作后薪。"华夏文化薪火相传，接力不断，若缺少冯友兰这一棒，确实会有不小的遗憾的。

"思入风云变态中"

大学者金岳霖曾下过一个断言:"中国哲学家的哲学是其人的传记。"这无疑是从知行合一的角度去立论的。冯友兰也认为,哲学不是初级阶段的科学,不是"关于自然知识和社会知识的概括和总结",它是人类精神的反思,对于实际无所肯定,也无所否定,它不能增进人们对于实际的知识,但能提高人的精神境界;一个哲学家要身体力行;所作的不应当是口耳之学;追求内圣外王之道是中国哲学的终极目标。

对于胡适早年极力倡导的"充分世界化"和陈序经拼命鼓吹的"全盘西化",冯友兰持不同意见,认为妄自菲薄不利于中国文化的传承。他对弟子李中华说:"中国传统文化是不能丢的,这是我们中国值得骄傲的一点家底。中国有四千多年的历史,但到近代衰败了,有人甚至连这点家底也不要了,这是败家子。"他还打趣道,陈序经倡导的"全盘西化"若要实现,除非黄皮肤能够变成白皮肤,黑眼珠能够变成蓝眼珠。中西文化"一致而百虑,殊途而同归"倒是完全可能的,强求一律反而是庸人自扰。

诸子百家的学说是一座巨型的"露天富矿",冯友兰挥镐其间，收获良多。比如他讲老庄哲学的"道法自然"，就有独特的见解，劈头第一件事就是将"自然"与"自然界"严格区分开来，他认为老庄的"自然"指的是"无为"和"真"，与之相对立的是"人为"和"伪"，因此他将老庄的"自然"理解为不事人工雕琢的"自然而然"，此解新意盎然。

中国现代三位哲学家皆为中西合璧，但配方各异：熊十力由佛转儒，兼受柏格森生命哲学的影响，其哲学体系乃是中局为九，西局为一；金岳霖受希腊古典哲学影响至深，逻辑缜密，对中国古典哲学的精义亦深有参悟，其哲学体系是中局为一，西局为九；冯友兰前期受西方实用主义熏陶，后期获马克思主义灌顶，而且数十年涵泳（潜游）于中国古典哲学的长河之中，真正打通了东方哲学与西方哲学之间坚厚的隔墙，其哲学体系乃是中西各半的五五对开。

冯友兰和金岳霖是清华哲学系和北大哲学系的镇系双宝，两人既属同事，又为益友，在学术上各有所长，亦各有所短。冯友兰曾在自序中回忆他们在抗战初期的迁徙途中发愤著述的情景，作了一番有趣的比较：

> 我们两人互相看稿子，也互相影响。他对我的影响在于逻辑分析方面，我对于他的影响在于"发思古之幽

情"方面。……他曾经说，我们两个人互有短长。他的长处是能把很简单的事情说得很复杂，我的长处是能把很复杂的事情说得很简单。

他们同属于分析派，冯友兰是分析之后再综合，金岳霖则是综合之后再分析。

从昆明西南联大毕业的学生可能是中国自有大学以来成才率最高的，其中有两位诺贝尔物理学奖的获得者，有各个学科的重镇，他们对西南联大的感恩之殷，对西南联大教授的崇敬之深，见诸文字，往往动人。郑敏写过一篇《"芝生，到什么境界了"》的回忆文章，对业师冯友兰的描写颇为传神：

> 一位留有长髯的长者，穿着灰蓝色的长袍。走在昆明西南联大校舍的土径上，两侧都是一排排铁皮为顶、有窗无玻璃的平房，时间约在1942年。这就是二战时期闻名世界的中国最高学府——昆明西南联合大学。那位长者正走向路边的一间教室；我和我的一位同窗远远跟在我们的老师、哲学家冯友兰教授的后面，也朝着那间教室走去，在那里"人生哲学"将展开它层层的境界。
> 正在这时，从垂直的另一条小径走来一位身材高高

的、戴着一副墨镜、将风衣搭在肩上、穿着西裤衬衫的学者。只听那位学者问道:"芝生,到什么境界了?"回答说:"到了天地境界了。"于是两位教授大笑,擦肩而过,各自去上课了。那位戴墨镜的教授是当时刚从美国回来不久的金岳霖教授,先生患目疾,常戴墨镜。这两位教授是世界哲学智慧天空中的两颗灿星,在国内外都深受哲学界同行的敬仰。

冯友兰提出的四重境界依次为自然境界、功利境界、道德境界、天地境界。自然境界是指人知其行为只有生物直觉,功利境界指人知其行为是满足自己的私欲,道德境界指人知其行为是利他的,天地境界指人知其行为有超越社会和时代为天地立心的意义。冯先生著书立说,将天地境界看得最重,其他皆可丢,此说不可废。"人们大多知道自己在社会中的地位,却不知道自己在宇宙中的地位",那些蝇营狗苟、浑浑噩噩的人读到这句追寻至极的哲语,或许会打个冷噤和寒栗吧。天地境界既贯通了作为中国哲学精华的道德哲学,也包罗了为中国之所短而为西方之所长的科学精神。达到天地境界的人能够"养吾浩然之气",能够度越有无,勘破生死,较之道德境界中人"富贵不能淫,贫贱不能移,威武不能屈",

不仅觉解更高,知善的能力更强,行善的意志更坚,而且所作所为也更高明,如孔子所说的"造次必于是,颠沛必于是",因此"为天地立心"的自觉不会中断,宏愿也不会落空。

1946年3月,杜国庠在《群众周刊》十一卷一期上发表《玄虚不是人生的道路——再评冯友兰〈新原道〉》,直斥冯友兰的哲学是"帮闲哲学",他认为冯友兰提出的"圣人最宜于做王"的说法"势将助纣为虐,而误尽天下苍生","冯氏这种宇宙人生观教人安分守己,勿以贫贱得失介意,'即其所居之位,乐其日用之常',一样地可以做到圣人,便是在精神上麻醉被压迫者,而松懈其斗志,直接地替压迫者维持其腐败残酷的统治,间接地阻碍社会的革新"。上纲上线的政治批判已经超越学理的范畴。数年后,冯友兰的这类"待遇"还将不断升级,他的抗击打能力真不是常人可以比拼的。

1949年,冯友兰与夫人任载坤主动报名参加京郊卢沟桥的土地改革。在零下十多度的凛冽寒冬,这位高级知识分子到农家访贫问苦,乐此不疲。返回清华大学后,他撰写了《参加土改的收获》一文,校正了自己的哲学思想:"马列主义注重共相与具体的结合,一般与个别的结合;而我以前的哲学思想注重共相与具体的分离,一般与个别的分离。这个启示,对于我有很大的重要性。"这也成为了冯友兰哲学体系转变的起点，由"理在事先"转变为"理在事中"。

身在台湾的"玄学鬼"张君劢显然对冯友兰的变化不以为然，他的《一封不寄的信——责冯友兰》刊于台北《民主中国》一卷一期，这封信公开质疑冯友兰推翻自己的固有学说、服膺马列主义，是别有所图，以哲学为资生之具，而非以它为安心立命的准则，将心和理分割为二，"将心一关看得太轻而将在外者看得太重"。张君劢忽略形势而谈学理，在一个安全地带无妨打开天窗，若在风暴眼中，在核反应炉里，不知几人可以站稳脚跟。何况冯友兰自居于"天地境界"，对一切人间学说无所肯定（他的曲学阿世故意表现为超逾常情常理的愚蠢，何尝不是存心反弹回去的戏弄），张君劢站在"道德境界"谴责他，彼亦一是非，此亦一是非，等于野鹤与夜莺隔空对话，根本讲不到一块儿。

1956年，全国掀起"向科学进军"的热潮，一些学术带头人干劲倍增，豪情万丈。冯友兰年过花甲，同样跃跃欲试。他找到北大副校长江隆基，表示自己是"家有万贯，膝下无子"，意思是他有博大精深的学问，却没有学术接班人，他要择英才而教之。

20世纪80年代，冯友兰除了书斋治学，也关心社会问题。他曾对孙长江教授（《实践是检验真理的唯一标准》的主要作者之一）说：资本主义是封建主义的天敌，中国因缺这一天敌，所以把封建主义搬过来了。他认为各种潜滋默长的不正之风都是脓疮，用西医的手术切除只能治标，用中医的清血疗法方可治本。一言以蔽之："关键在于提高社会的道德水平，提高人的精神境界。"在冯友兰的四重境界里，人们普遍泥足深陷于功利境界，"众人熙熙，皆为利来；众人攘攘，皆为利往"，他们几乎无法梦见道德境界和天地境界。

很多时候，冯友兰左右不讨好，对此他有清醒的认识："我经常想起儒家经典《诗经》中的两句话：'周虽旧邦，其命维新。'就现在来说，中国就是旧邦而有新命，新命就是现代化。我的努力是保持旧邦的同一性和个性，而又同时促进实现新命。我有时强调这一面，有时强调另一面。右翼人士赞扬我保持旧邦同一性和个性的努力，而谴责我促进新命的努力。左翼人士欣赏我促进实现新命的努力，而谴责我保持旧邦同一性和个性的努力。我理解他们的思想，既听取赞扬，也听取谴责。赞扬和谴责可以彼此抵销。我按照自己的判断继续前进。"冯友兰的这番表白证明他已避免偏执，合乎中行，确实找到了"极高明而道中庸"的平衡点，若非如此，他不可能立定脚跟，铆足心劲，在生命的最后几年依然焚膏继晷（guǐ，日影），完成《中国哲学史新编》。

学者李慎之在《融贯中西 通释古今——纪念冯友兰先生》一文中这样评论道:"他的知识最广博,鉴别最精当,介绍最系统,解释最明白。……冯先生可超而不可越,意思是,后人完全可能,而且也应当胜过冯先生,但是却不能绕过冯先生。绕过冯先生,不但必然要多费力气,而且容易走弯路而难于深入堂奥。……平心而论,与冯先生并世诸贤,对中国哲学钻研之深,考证之细,析理之精,不无可与冯先生比肩者在,但是,能开广大法门为后学接引者,却无人能代替冯先生。尤其是因为这是一个中西交会,古今转变,中国人对西学所知甚少而对中学又几乎忘掉了的时代。"

诚然,在冯友兰身上,良知和思辨高度统一,思辨使他深刻,良知使他痛苦。此外,懦弱使他扭曲,活络则使他纠结,大抵也是不错的。

"修辞立其诚"

儒家特别强调一个"诚"字,《中庸》道是"不诚无物",又道是"君子以诚之为贵",《周易·乾文言》更强调述作者要"修辞立其诚"。

起步总是艰难的。建国之初,百废待兴,有一段时间,清华大学发不出工资,教授们很不满,推举冯友兰做"催薪代表",冯友兰很生气,办学的人倒变成了讨饭的乞丐了。植物学家吴征镒委婉地劝导冯友兰,这是个思想问题。冯友兰更是又好气又好笑,这明明是个揭不开锅的经济问题,"我当时心里想,我搞了几十年哲学,还不知道什么是思想?后来才知道,解放以后所谓的思想,和以前所谓的思想并不完全一样"。当然,接踵而至的思想改造使冯友兰彻底领教了脱胎换骨的厉害。

时代的洪流滚滚向前,冯友兰纵然做不了手把红旗立涛头的弄潮儿,他也不甘心与泥沙腐木一道被席卷而走。尽管他恪守"君子绝交,不出恶声"的老规矩,不骂台湾,"对共产党面降心不降",但他仍向那些得风气之先的学者看齐,给毛泽东写信表态,大意是说:他在过去讲封建哲学,帮了国民党的忙,现在决心改造思想,学习马克思主义,打算在五年之内用马克思主义立场、观点、方法重新撰写一部《中国哲学史》。几天之内这封信就得到回音,主要内容如下:"我们是欢迎人们进步的。像你这样的人,过去犯过错误,现在准备改正错误,如果能实践,那是好的。也不必急于求效,可以慢慢地改,总以采取老实态度为宜。"毛泽东向来怀疑知识分子(尤其是大知识分子)不老实,并非针对个人。冯友兰读完这封回信,心里难免产生了抵触情绪:"我当时想,什么是老实态度?我有什么不老实?"后来,他渐渐揣摩明白了怎样的态度才算是"老实态度",不说大话、空话、假话、废话还在其次,关键是"不能落伍"。他对好友张岱年说:"近代以来,许多先进人物不能跟着时代走,晚年落伍了,如康有为、严复都是如此。只有两个人一直跟着时代走,一个是孙中山,一个是鲁迅。我们一定要努力随着时代前进。"可是冯友兰大步流星也不管用,他仍然迷了路掉了队,而且越拉距离越远。

1952年,"三反"运动之后,清华大学开始紧锣密鼓地改造教职员工的思想。人人过关,人人洗澡。所谓"洗澡"不是洗干净身体的脏污,而是洗干净思想的积垢,具体做法是面对群众做思想检查,然后由群众指名道姓地批判。按照群众的人数多寡,美其名为"大澡盆"、"中澡盆"和"小澡盆"。冯友兰已在清华文学院范围内做过几次思想检查,有些教师摩拳擦掌,声嘶力竭,批判冯友兰曾由蒋介石聘为家庭教师,是一贯为国民党效犬马之劳的"御用文人"。有一位曾做过学生领袖、受过牢狱之灾的教师讲得更具体,也更有杀伤力,他说:"我们关在集中营里,其他的书都不准读,唯一的一本就是冯友兰的《新理学》。"那种群情激奋的阵仗确实太吓人了。校领导不肯轻易饶过冯友兰这样的"钉子户"，认为他"问题严重""不老实交代"，试图蒙混过关。

有一天下午，金岳霖和周礼全去看望冯友兰，安慰和鼓劲的话说了一皮箩，临到惜别时，金岳霖用激动的语气对老友冯友兰说："芝生，你问题严重啊！你一定要好好检查，才能得到群众的谅解。"冯友兰啜嚅着说："是，是，是，我问题严重，问题严重……"言毕，两位白发苍苍的老书生紧紧拥抱，涕泪齐下。其后，冯友兰在群众面前作检查，一张口就泣不成声，群众看什么？主要是看态度，只有触及灵魂了，才能赢得热烈的掌声，被施加精神暴力的可怜的表演者才能顺利过关。

1957年，全国学界围绕吴晗发表在《前线》上的文章《古为今用》展开讨论，名义上叫做"批判地继承"，实则宗旨早已确定不拔，那就是"学术为政治服务，学术为现实服务"。有人质疑批判太多，继承太少，这种论调立刻遭到围攻。冯友兰觉得有些话如鲠在喉，不吐不快，他在会上发言，大意是："我看不少哲学命题或概念，若从其具体意义来看，可继承的则少；若从其抽象的意义来看，可继承的则多。例如'忠'这个概念，过去提倡'忠于君'，当然不能继承；现在改为'忠于国'、'忠于党'，为何不可以继承？因为忠之所以为忠，或叫诚诚恳恳,或叫死心塌地,或叫矢志不渝,总有其抽象的含义,这些抽象的含义,我看是可以继承的。"他还说:"'人皆可以为尧舜',其具体意义是讲人人都可以成为圣人,其抽象意义则是讲'行行出状元'。当今是社会主义,这句话的具体意义无法继承,抽象意义是可以继承的。"冯友兰的发言并未脱离主题范畴跑野马,可谓存心帮忙,却仍旧无法过关,被"左派"学者深文周纳,谓之"抽象继承法",狠狠揪住不放,集中火力猛批了一段时间。

遭此无妄之灾,冯友兰并未气沮,反而自我解嘲,戏称自己是"臭豆腐",闻起来臭,吃起来香。他深知自己的"光荣任务"就是在学界和文化界树立一个鲜明的对立面,给广大批判者提供一个活生生的靶子。毛泽东怀疑他不老实,也不算怀疑错了,他在历次政治运动中冲浪,总能巧妙过关,没被惊涛狂澜吞没,没点秘诀是不行的。

1957年,全国宣传会议散会时,毛泽东握着冯友兰的手说:"好好地鸣吧,百家争鸣,你就是一家嘛。你写的东西我都看。"换了别人,受此激励,可能会忘乎所以,猛打猛冲。冯友兰这回倒是预留了一个心眼,在"大鸣大放"热火朝天的关口,他管住了自己的嘴巴和笔头。校方引蛇出洞,一再启发他"放炮",他迫不得已,提了两条不痛不痒的意见:

一是1952年院系调整后,清华哲学系和法学系并入了北大,但图书资料一直没过来,有书者无用,用书者无有,这样不好;二是他在北大的住所太小,书籍无处摆放,只好塞进床底,查阅不便,翻检不易,影响工作。这两条意见并不构成打右派的硬条件,他幸运地逃过一劫。

冯友兰逃得过初一,又岂能逃过十五?北大哲学系一度以极左之酷烈闻名遐迩,"文化大革命"的"第一张马列主义大字报"即是该系高人的杰作,将北大哲学系称为"极左流毒的头号重灾区",一点也不为过。"文革"初期,冯友兰揭发中文系教授章廷谦是"国民党区党部委员",致使后者在全校万人大会上遭到公开批捕,受了十余年牢狱之灾。这也许是冯友兰的无心之过,并非故意栽害。在那个疯狂的年月,北大音韵学教授林焘竟自诬"阴谋炸毁北大水塔",别无缘故,都是因为恐怖的时势所迫。

在北大哲学系所在地的南北阁附近,学生经常能遇见一位年过古稀的老先生,他不是在那儿漫步遐想,而是戴着大口罩,垂首躬腰打扫地上的落叶和垃圾,明显有些吃力。高音喇叭中正播放红卫兵炮轰火烧这位"资产阶级反动的学术权威"的批判文章。开批斗会时,红卫兵发现冯友兰总是露出"苏格拉底式的微笑",责问他为何要显出一副如此鄙夷不屑的表情,冯先生的回答是:"我的脸型天生就是这样的。"

在《论中国传统文化》的演讲中,冯友兰说过这样的话:"真正的仁人,是个拼命的人,遇到紧要关头,宁可牺牲自己的生命。这个时候,个人的生死就不在话下了。"然而"千古艰难唯一死",真能视死如归的人毕竟是极少数。文学家老舍自杀了,翻译家傅雷自杀了,历史学家翦伯赞也自杀了,哲人就是哲人,冯友兰居然能在前史未有的奇诡时代处之泰然,每天吃饱穿暖,养足精神,听由发落。他为何能在无比强大的政治压力下不自杀,不发疯,也不沉默?心法是"见侮不辱",他逾越了道德境界中最难逾越的绊马索——"士可杀不可辱"的耻辱感。

当年,冯友兰所住的燕南园的房子里强行掺入五户人家,红卫兵锁掉他的卧室,使他拿不出换季的衣服,深夜去开批斗会,只能在单衣之上罩一个麻袋,惨苦境遇可穷想象之极。有一段时间,他被关在"黑帮大院"(北大外文楼)隔离审查,睡在铺满稻草的水泥地板上。每天早晨,冯友兰的夫人任载坤都要坐在办公楼前面的台阶上眺望几眼,看他是否排队出来吃早饭,只有见到了他的身影,确定他平平安安,没有"因故暴亡",整天才能放心。那个石台基被冯先生取名为"望夫石",这是令人闻之鼻酸的"黑色幽默"。即使身处厄运之中，明知"写得越多，犯罪越大，多写多犯罪，少写少犯罪，不写不犯罪"，冯先生也仍然利用一切可以利用的时间潜心酝酿《中国哲学史新编》。蜗居斗室，他不以为苦；女儿戴上"冯友兰的女儿"的纸糊高帽，他也不以为羞。在"文革"期间，冯友兰的长髯被勒令剃除，这是众多损失中最微小的一笔，但对冯友兰的形象而言，此举无疑包含了颠覆之意。

冯友兰大难不死，很可能得益于毛泽东有意无意间讲过的那句话（大意是，我们研究唯心主义还得请教冯友兰）。十年后，他回归宁谧的思考王国，在《中国哲学史新编》第七册中冷静客观地评判毛泽东"立下了别人所不能立的功绩，也犯下了别人所不能犯的错误"，需要的就不只是勇气的辅佐，也需要理性的驰援。

在中国，读书人的道德勇气往往体现于"不惜以今日之我否定昨日之我"，总认为旧我不佳，新我才好。蘧伯玉是卫国的贤人，是孔子的莫逆之交，古人交口称道他的就是"行年五十而知四十九年之非"。以自我否定来实现自我救赎和自我提升，这是读书人的笨法子，有时候还真是管用的。

荀子曰："言而当，知也；默而当，亦知也。"这个"知"同于智慧的"智"。言论离不开环境的支持。北宋的大臣勇于极言切谏，是因为宋太祖早就立定了"不杀大臣"的规矩，业已去除了"游戏"中最危险的环节，大臣心知肚明，纵然诤谏不受待理，甚至惹得皇帝老儿震怒，顶多也只是被贬谪到穷荒之地，这还不失为一件博名于朝、获誉于野的好事。但换个险恶的环境就未必安全了，批鳞（pī lín，直言犯上）强谏的人很可能家破人亡，死无葬身之地。"百士之诺诺，不如一士之谔谔（è è，直言争辩）"，说来容易，真要做那百不得一的谔谔者，单有勇气是远远不够的。精研罗素、大哲若隐的张申府先生曾为《新青年》杂志撰文，主张"组织一个实话党"，"打破以虚伪为一种特性的现世界，……毁掉不说实话的因缘"，然而这只是梦想和幻然，根本无法实现。他说过真话，代表作就是那篇要求国共双方停战的《呼吁和平》。为此他付出的代价相当高，后半生的学术研究被彻底断送。当环境不允许一个人沉默时，会发生怎样的事情？巴金在《真话集》中吐露过这样的心声："有一点是可以明确的：表态，说空话，说假话，起初别人说，后来自己跟着别人说，再后来是自己同别人一起说。起初自己还怀疑这可能是假话，不肯表态，但是一个会一个会开下去，我终于感觉必须丢掉'独立思考'这个'包袱'，才能'轻装前进'，因为我已在不知不觉中给改造过来了。"他在《探索集》中还有更锥心的忏悔："我相信过假话，我传播过假话，我不曾跟假话作过斗争。别人'高举',我'紧跟',别人抬出'神明',我就低首膜拜。——我甚至愚蠢到愿意钻进魔术箱变'脱胎换骨的戏法'。"这证明,冯友兰"顺着说"的表现不是孤立的,而是普遍的,是知识分子为生存而实行的自救行为。政治高于一切,绝对不容许任何人冒犯。若不自戕肉体,就必须炮烙精神,没有第三条道路容许选择。冯友兰之所以深受责难,是因为他是哲学家,是学界领袖,这道有害无益的"光环"使他的表现被加倍放大,受到时人和后人更多的质疑。

"以冯先生平生陈义之高、任道之重,海内外不能无微辞。虽然如此,回想那天昏地暗,狂风暴雨挟排山倒海之势以来的岁月里,举神州八亿之众,能不盲目苟同而孤明独照者,屈指能有几人?不少行辈年龄小于冯先生,精神体力强于冯先生,政治经验深于冯先生的共产党员,因为忍受不了而诉诸一死,其遗书遗言,甚至骨肉知交也不能辨析其真意,我们又何能求全责备于一个血气已衰的八十老翁?何况先生在此以前的二十年来一贯勉力于自我改造,一贯诚心地接受批判,也一贯努力想'阐旧邦以辅新命'。对横逆之来,除了'物来而顺应'外,实在也很难有别的选择。更何况冯先生后来处境之特殊,已特殊到'中国一人'的地步,可谓'蒲轮安车在其左,刀锯鼎镬在其右'。冯先生的选择不是不可以理解的。"作为过来人,领教过万马齐喑的左祸之酷,李慎之洞悉中国知识分子的痛苦和悲哀,这番话于恕道之中多存悲悯,乃是仁者之言。冯友兰宁为伏生而不为辕固生,在天丧斯文之际,巧护中国哲学的火种,其功德绝对不是喙尖嘴硬者所能梦见的。

在《三松堂自序》中,冯友兰公开做了检讨:"总觉得毛主席党中央一定比我对。……没有把所有观点放在平等地位来考察。……在被改造的同时得到吹捧,而有欣幸之心,更加努力'进步'。这一部分思想就是哗众取宠了。"他还表示自己当初服从政治需要,在批林批孔运动中完全超出学术思想的范畴,身处立言的困境,所言非所知,所知非所言,顺从领袖的意旨,从尊孔尊儒转变为批孔批儒,没能做到"修辞立其诚",深感内疚。至于受命担任梁效大批判组顾问,则是迫不得已,为声名所累。《咏史》二十五首之一赞美武则天"则天敢于做皇帝,亘古中华一女雄",被外界误读为专拍江青的马屁,则是始料未及。更有甚者,冯友兰作自寿诗,末尾两句为"愿奋一支笔,奔走在马前",明明是向毛泽东表忠心,却被人误会他急于充当江青的马前卒,理由是江青喜欢骑马。"四人帮"被捕之后,在北京和外省流传过一个笑话:冯友兰受到妻子的责怪,"天都要亮了,还在炕上尿了一泡！"笑话的意思无须解释，人人明白。应该说，这类涂抹对冯友兰的形象颇具毁损的功效，他比别人晚几年才平反，可见官方也有过疑虑。

同样是曲学阿世（歪曲自己的学说去媚俗），相比某些死不忏悔的"文化大师"，冯友兰的人格并不委琐，还很光明。在《中国哲学史新编》的自序中，他郑重表示："经过两次折腾，我得到了一些教训……路是要自己走的，道理是要自己认识的，学术上的结论是要靠自己的研究得来的。……吸取了过去的经验教训，我决定在继续写《新编》的时候，只写自己在现有的马克思主义水平上对于中国哲学和文化的理解和体会，不依傍别人！"这个"别人"，也许是意有所指的。学者若不能独立思考，自出机杼，其学术价值将等于零，甚至等于负数，这样的"学者"多了，岂止是学术界的灾难和悲哀，也是汉民族的灾难和悲哀。综观冯友兰的后半生，他是蒙在鼓里的局内人，"不知庐山真面目，只缘身在此山中"，他是哲学家，却并未独具慧眼，而只能与世浮沉，与时俯仰，在"文革"期间写下那些认识水平偏低的诗文，着实令人遗憾。

在《三松堂自序》中，读者仍不难看到冯友兰头脑被束缚的情形。1985年7月下旬，社科院近代史研究所刘敬坤在致冯友兰的信中指出《自序》的错误，特别对其中一段文字

("在抗日战争进入相持阶段以后,蒋介石和重庆的一些人觉得重庆的那个小朝廷似乎也可以偏安下去")深致不满和质疑,认为当时的国民政府是坚持抗战到底的中国唯一合法政府,《自序》所言不仅失实,而且有损中华民族的自尊心和自豪感,这说明"你老人家脑子里装的仍然是那个他老人家的极'左'的大为有害的一大堆破烂"。刘敬坤的言词相当不客气。

二战时期,德国哲学家海德格尔的附庸献媚和助纣为虐难逃世人(包括他的学生)的严词谴责,"思想内的瑕疵"和"不道德"是其罪状。这也向世人昭示了一个事实:哲学家的定力和判断力并不值得轻信,他们的思想是气态的,而不是固态的。

冯友兰尝言:"宗教使人信,哲学使人知。"金岳霖尝言:"哲学只是概念的游戏。"如此看来,"知"有多种,"游戏"有多样,拘于形迹未免太拙。传统读书人都渴望从"我注六经"臻于"六经注我"的境界,怎么个注法?那就是"八仙过海,各显神通",视乎悟性高低和个性强弱而定。中国的知识分子恒在"知道分子"的低刻度上横盘,缺乏上升动力,就因为这种"知"的变数太大,"道"的出口太少,大家都被"八卦阵"绕晕了头。

何况在一个禁锢甚严的时代，哲学家也是凡人，举世皆浊，岂能独清？干净身子敌不过泥潭没顶。众人皆醉，岂能独醒？好酒量敌不过烈酒超多。独清和独醒适足以招致灭顶之灾。具有自由意志的孙悟空跳不出如来佛的手掌心，哲人又岂能跳出特定时代的巨灵（大力神）之掌？一个一个的"他"如同糠粒，弱不禁风，微不足道。当容纳"异端"的土壤完全消失，尼采、克尔凯郭尔的孤独气质也会"绕树三匝，无枝可栖"。

苏格拉底尝言："人生若不诉诸批判之反思，那生命就没有意义了。"反思是必要的，宽恕也是必要的。子贡说："君子之过也，如日月之食焉。过也，人皆见之；更也，人皆仰之。"正应了这句话，在生命的最后十年，冯友兰将昔日被迫迁变的道术作了否定之否定，他这样做，比任何忏悔都更彻底。从这一点看来，智者的长寿也不是完全没有好处的。

季羡林悼念冯友兰，用"晚节善终，大节不亏"八字总结，这是知人之言，也是恕人之论，非仁者莫能为。中国人讲求气节和操守，可以讲到六亲不认的程度，尤其是今人对古人、晚生对前辈，更是"执法如山"。诚然，"因人废言"事小，"以理杀人"（戴东原语）事大，那些站在道德制高点上行使斩决权的人又有几个经得起考量？

"海阔天空我自飞"

大智大仁者为天地立心,这"心"该是朗如日月的良心才好,以良知良能而立之。

1990年7月,冯友兰完成《中国哲学史新编》的最后一卷,由于关涉当代人物的思想,尤其是毛泽东思想,作者独出己见,采用的并不是官方标准的解说词,此卷极其敏感,出版也被延后。完成这项浩大的学术工程后,冯友兰如释重负,感到十分欣慰,他在《三松堂自序》中剖白了自己的心曲:

> 我的老妻任载坤在1977年去世的时候,我写了一副对联:"同荣辱,共安危,出入相扶持,碧落黄泉君先去;斩名关,破利索,俯仰无愧怍,海阔天空我自飞。"在那个时候,我开始认识到名利之所以为束缚,"我自飞"之所以为自由。在写本册"总结"的时候,我真感觉到"海阔天空我自飞"的自由了。……我写"总结"的时候,我确是照我所见到的写的。并且对朋友们说:"如果有人不以为然,因之不能出版,吾其为王船山矣。"船山在深山中著书数百卷,没有人为他出版;几百年以

后，终于出版了，此所谓"文章自有命，不仗史笔垂"。

入于老境而意志颓唐，这是许多高龄者的"共相"，但冯友兰自有其独异于众的"殊相"，八十岁他才开始动手写《中国哲学史新编》，九十五岁（仙逝之前半年）底于完工，将许多人的担心化整为零。1983年，冯友兰八十八岁，他的自寿联仍笔歌墨舞，生趣盎然：

何止于米？相期以茶；
胸怀四化，寄意三松。

"米寿"和"茶寿"的说法由来已久，用拆字法可知，前者为八十八岁，后者为一百零八岁。"老骥伏枥，志在千里"，冯友兰毫不掩饰自己渴望高寿的愿望，他为一位老同事九十寿辰作贺词，说出了自己的心声："多活几年，可以多见一些世面，多懂一些道理：此其可庆幸者。"其阅历功夫，老而不衰，令人赞叹。

冯友兰曾教导女儿宗璞"在名利途上要知足，在学问途上要知不足"，他也是这样要求自己的，到了耄耋之龄，学术界不歇手不封笔的大师能有几人？冯友兰目近失明，耳近失聪,仍孜孜矻矻,"焚膏油以继晷,恒兀兀以穷年",耗尽心力完成皇皇七卷《中国哲学史新编》,其学术使命感乃是最强劲的精神支柱。

古今中外,文思敏捷者不乏其人,援笔为文,倚马可待,押韵作赋,八叉而成(典出温庭筠,意为文思敏捷),但作者有一个普遍的共识:短篇易巧,巨著难工。何况是数以百万字计的哲学史呢。在生命的最后十余年间,冯友兰恒于上午口授,由助手笔录,这门绝技(陈寅恪先生亦精于此道),只怕难有传人。下午他闭门静坐,时而嘴唇微动,似喃喃自语,他打腹稿,近似参禅。年过九十的老人要做好这项旷日持久的学术工程,着实太辛苦了,曾有人提议,由冯先生口授大意或提纲,由别人起草,成文后再逐段念给他听,由他定稿。但冯先生将此良谋束之高阁,他喜欢逐词逐句口授,让自己的新见如山间汩汩的泉源随时随地涌出,这样的创造活动给他晚年带来莫大的乐趣。

有的人老了,智田中了无庄稼。有的人老了,慧园内挂满果实。冯友兰在《三松堂自序》中坦承:"我这六十多年,有的时候独创己见,有的时候随波逐流。独创己见则有得有失,随波逐流则忽左忽右。"但他最终能斩名关,破利索,我手写我心,志在写出具有永久价值的著作。相比而言,有些人跌倒之后就再也没能爬起来。"文革"伊始,郭沫若抢先表态:他过去所写的诗文戏剧评论和学术著作毫无价值,理应付之一炬,洗个烈火澡,"文革"结束后,他写了一些应景的打油诗,给人以才智枯竭之感,与早年的那个大才子、大学者判若两人。曹禺被批斗多场后,竟自觉"真的有些反动",遂以自诬和自污求得过关。曹禺的女儿万方追忆亡父时曾说:"他晚年的痛苦在于想写,却怎么也写不出来,他不知道怎么写好了。老觉得,这么写对吗?这么写行吗?他的脑子已经不自由了。"感觉脑子不自由的老作家、老学者又何止郭沫若、曹禺两人,他们的身体在浩劫之后幸存下来,精神却并没有浴火重生。相比而言,冯友兰的晚霞满天就显得格外绚丽。

九十多岁时,冯友兰对好友张岱年说:"我现在决心采取《庄子·逍遥游》中所谓'举世誉之而不加劝,举世非之而不加沮'的态度了。"张岱年对此深以为然,他说:"哲学家应该采取这样的态度。"冯先生住在医院,喜欢吟哦《古诗十九首》,"青青陵上柏,磊磊涧中石。人生天地间,忽如远行客","浩浩阴阳移,年命如朝露。人生忽如寄,寿无金石固"。他用平静的语气告诉女儿宗璞:"庄子说过'生为附赘悬疣,死为决疣(huàn,疮)溃痈'。孔子说过'朝闻道,夕死可矣'。张横渠又说'生，吾顺事；没，吾宁也'。我现在是事情没有做完，所以还要治病。等书写完了，再生病就不必治了。"一个人的终极达观往往见诸对生死顺其自然的态度，父亲说话心安，女儿闻言落泪。

及至冯先生暮年，有人向他讨教"养生之道"，老人略微沉吟，说出三个字来："不……着……急。"民国元勋黄兴将自己的平生心得归结为"慢慢细细"四字，冯老的"不着急"与之如合符契，可见成大事者须得从容淡定，静气充盈，这一点确实值得那些急功近利的成功学家研究个十年八年。

"英雄到老终归佛，名将还山不言兵。"一位真正的儒生即使心游佛老，也会倦鸟归巢。北大教授、佛学家熊十力在《原儒》中表态："佛玄而诞，儒大而正，卒归于大易。"冯友兰尝言："二程朱子早年都出入佛老，最后还是返求诸《六经》，然后得之。佛道教人出家、吃斋、修行。儒家不出家，不吃斋，也一样地修行。这就是'不离日用常行外，直到先天未画前'。所谓'极高明而道中庸'。平时虽是庸行庸德，与常人无异，但是他心胸洒脱、开阔，境界极高；虽道中庸而有极高明的一面。"他还说："儒家不是宗教，但它能代替宗教，具有宗教的作用。"冯友兰志在做一位大儒、醇儒、君子儒，"二史释今古，六书纪贞元"，将自己的平生著述作这样的归纳表明了他极充分的自我肯定。君子不以一眚（shěng，过错）掩大德，冯先生的大德就是将中华文化的薪火传递给了后人，这一功绩是不可磨灭的。

在《新事训·自序》中，冯友兰写下掷地作金石声的话语："承百代之流，而会乎当今之变。好学深思之士，心知其故，乌能已于言哉。"天赐高寿，精力绝人，穷且益坚，老而弥笃，虽然"耳目丧其聪明"，自谓"呆若木鸡"，是反刍青草的"懒洋洋的老黄牛"，而其志不衰，其兴不减，苦心孤诣，精进不休，丝毫不逊色于年轻后生。梁漱溟九十岁后，依然耳聪目明，却自承"脑子不行，不能工作"，而冯友兰九十岁后，"所操益熟，所得益化"，依然带病工作了五年，将才、学、识三者兼备的皇皇七卷《中国哲学史新编》打上了圆满的句号，其中创获颇多，对太平天国的新认识和新评价是个大亮点。"统之有宗，会之有元"的名山事业终底于成，冯友兰先生即使做当代的王船山，也可以含笑而瞑，死无憾矣。在吊唁他的众多诗文挽联中，笔者认为涂又光教授的挽联值得一录：

为天地立心，为生民立命，求仁得仁，安度九十五岁；
誉之不加劝，非之不加沮，知我罪我，可凭六百万言。

此联唯一可商榷之处是"安度"二字。冯老身历数朝，屡经世乱，他渡越了不少劫波，要说"安度"，那也是吉人天相，化险为夷，在同辈幸运者中亦堪称翘楚。

陈来教授在《默然而观冯友兰》一文中指出：冯先生的气象境界近于程明道（宋代大儒程颢），不忿不厉，渊冲恬澹（tián dàn，恬静淡泊），宽易有制，和而不流，"视其色如春阳之温，听其言如时雨之润"。冯先生特别推崇宋儒程颢的《秋日》诗："闲来无事不从容，睡觉东窗日已红。万物静观皆自得，四时佳兴与人同。道通天地有形外，思入风云变态中。富贵不淫贫贱乐，男儿到此是豪雄。"他一贯主张"人与天地参"，真正参透了，悟透了，又何所患何所惧何所芥蒂于怀？一旦打通儒释道的界墙，在感性和理性的王国里，他就是无冕之王。

唐僧去西天取经，经历九九八十一劫难，终于功德圆满，冯友兰同样渡过了一连串劫波，才用他神乎其技的画龙之笔将中国哲学的东鳞西爪绘制下来，将东方文化之龙的眼睛熠熠点亮，《中国哲学史新编》长留在天壤间，其中许多"非常可怪之论"足供学者研寻。

蔡仲德在《冯友兰先生年谱初编》的后记中将冯友兰的人生历程分为三个时期：实现自我——失落自我——回归自

我。九十五度春秋，冯友兰走完这段艰辛的历程，有遗憾，也有欣慰。他乐观地认为"中国哲学将来一定会大放光彩"。但他很清楚，《易经》的尾卦（第六十四卦）是"未济"，人寿不足百年，而世事如麻，绝大多数都处于待完成而永难完成的状态，努力正未有穷期。

图书在版编目(CIP)数据

隐士/王开林著.—上海:复旦大学出版社,2013.8
(微阅读大系·王开林晚清民国人物系列3)
ISBN 978-7-309-09840-2

Ⅰ.隐… Ⅱ.王… Ⅲ.名人-人物研究-中国-近代 Ⅳ.K820.5

中国版本图书馆CIP数据核字(2013)第151165号

ISBN 978-7-309-09840-2

9 787309 098402 >

隐士
王开林 著
责任编辑/李又顺

复旦大学出版社有限公司出版发行
上海市国权路579号 邮编:200433
网址:fupnet@fudanpress.com http://www.fudanpress.com
门市零售:86-21-65642857 团体订购:86-21-65118853
外埠邮购:86-21-65109143
山东鸿杰印务集团

开本 850×1168 1/32 印张5.875 字数93千
2013年8月第1版第1次印刷
印数1—4 100

ISBN 978-7-309-09840-2/K·431
定价:20.00元

如有印装质量问题,请向复旦大学出版社有限公司发行部调换。
版权所有 侵权必究